赞誉 PRAISE

AI 时代全面来临之际，陈教授推出了具有创新和前沿性的数智升级训战营，充分体现了中欧国际工商学院的创新和与时俱进的精神。作为领先的全球 500 强商业软件公司，SAP 深刻认识到 AI 带来的巨大机会。我们有幸参加陈教授的数智升级训战营。训战营以层层渐进的方法论以及与企业共创的促动模式把理论体系和 AI 落地实践深度结合。《数智重生》提炼了数智升级训战营的精华，形成了可以复用的模式，揭示了 AI 技术落地商业场景的底层逻辑。我诚挚推荐《数智重生》，书中凝聚了深刻洞察与实践经验，愿它成为企业迈向 AI 时代的可靠指南与伙伴！

李瑞成

SAP（思爱普）中国研究院院长

翻开《数智重生》，我想到了三年前带领核心团队踏入数智升级训战营的情形。在那段难忘的时间里，我们整个团队并肩作战，打破隔阂，互相欣赏，一起定战略、求结果，感受到从未有过的心灵碰撞。此后，我们持续运用书中的训战方式，在瞬息万变的汽车行业，以数智化为引擎，为在行业竞争中打赢一场场关键战役积蓄力量。

刘元

均普智能（SH688306）董事长

数智升级训战营对我们团队是一场美好的邂逅。第一次带领蔡司营销团队来参加时，我的内心深受触动，我心想这么好的方法论，一定要推荐给生态伙伴！因此，我们又组织了眼科医院、眼镜连锁门店的数智升级训战营，在陈教授、凌教练的引领下，共同研讨青少年、中青年、老年人的视健康解决方案。《数智重生》的理论框架，有效地帮助我们升华了行业的思维与模式，助力整个行业实现数智重生，为更多消费者带来清晰视界。

杨晓光

蔡司光学中国区总裁

技术怎么整合？文化如何变革？团队以何凝聚？……在安得智联转型的关键时期，我的脑海中常思考这些问题。不得其解之时，我很偶然地走进了数智升级训战营。三天的训练，让我们有机会对业务进行了系统的梳理。更重要的是，当团队心无旁骛，朝着一个共同的目标，面对面头脑风暴、切磋琢磨时，我感受到了强大的凝聚力。此后，我把方法论和训战方式内化为企业的标准流程，在企业各区推广，取得了非常显著的效果。

梁鹏飞

美的集团安得智联总裁

在数智浪潮席卷全球的当下，企业正面临着前所未有的挑战与机遇，转型已从选择题变为必答题。《数智重生》一书将理论方法与实践案例完美结合，为企业提供了一面清晰的镜子，帮助企业重新审视自身定位，开展战略重塑和组织升级，助力其在数智化转型的道路上少走弯路，行稳致远！

吴晓波
财经作家、《激荡三十年》作者

《数智重生》凝聚了陈教授多年实践经验和理论研究相结合的成果，为企业在数智化转型中提供了清晰的路径与方法论。期待这本书能为更多企业带来启发，助力大家在 AI 时代实现持续增长与突破！

朋新宇
阿里巴巴集团副总裁、瓴羊 CEO

有幸亲历两场陈威如教授的训战营，受益匪浅。印象最深的是学做结合，在实际的业务问题中应用"三看一瞧"，以及"看十年""谋三年"和"干一年"的框架厘清思路，锻炼队伍，更能在业务管理中抓住关键要素，形成组织合力来实现突破。强烈推荐业务领导者、创业家和学界学习、实践这套方法论。

我在跨国企业工作，正经历大时代的全球化高速发展和复杂世界的变迁，今日陈威如教授所代表的新一代学人正以训战营的创新教学方法，提炼总结中国企业和企业家奋斗成长的点滴经验，并将其汇聚成河，滋养新一代。《数智重生》中的案例与方法都来自对实践的总结，定能更好地指导实践和创新！

李蕾
丹纳赫集团 Cytiva（思拓凡）中国总裁

在 AI 浪潮的推动下，作为品牌数智化服务商，璞康集团在陈教授的悉心辅导下，紧紧抓住机遇，实现了自身的 AI 变革，同时赋能外部行业。我们深度研习《数智重生》中的方法论，并将其内化为每年战略落地的核心动作。这本书不仅为我们提供了系统的理论指导，更在实践中帮助我们不断突破与创新。期待《数智重生》能为更多行业带来启发，助力大家在数智化浪潮中实现跨越式发展！

于勇

璞康集团董事长

这几年我最深的体会是，新能源时代已经呼啸而至，一场前所未有的数智化转型浪潮正在掀起。如祺出行 Robotaxi 顺流而上，借助此机遇推动智能便捷出行新时代的全面来临。《数智重生》中的方法论及案例企业的转型实践，为我们行业提供了深刻的启发，我相信它也定能为不同领域企业的转型与创新指明方向。

蒋华

如祺出行（HK09680）CEO

面对行业数智化变革，众多企业往往陷入不知从何处着手的困境。之前有幸参加的数智升级训战营，通过精心筹备丰富多元的实战案例，引入前沿的理论知识体系，搭建起跨行业交流合作的优质平台，为企业提供了战略破局之路。数智化正成为破局与腾飞的关键力量，《数智重生》就像是开启数智新世界大门的钥匙，诚挚推荐给每一个渴望在数智浪潮中抢占先机的企业！

张萍

重庆博奥集团总经理

曾经，smart 是奔驰旗下引领年轻化与智能化潮流的先锋子品牌；如今，smart 踏上了独立运营的全面焕新之旅。在品牌重生变革的关键时期，我一直期待团队能掌握深刻的数智化转型的方法论，同时能够汲取最前沿的实战洞察。《数智重生》很巧妙地满足了我们的这些需要，提供了宝贵的启发与指导。无论是企业领导者还是行业探索者，这本书都将成为不可或缺的指南。

张明霞
smart 品牌全球公司 CMO

我一直很感恩直播电商所带来的时代机遇，让我有机会将热爱变为事业，且企业幸运地从行业新秀发展到行业标杆。《数智重生》宛如一把钥匙，精准地插入我思维的锁孔，不仅提供了宝贵的经验与方法论，更在战略布局与创新实践中给了我很多深刻的启发。如果你的公司正在数智化浪潮中寻找属于自己的增长路径，我强烈推荐你翻开这本书，你一定会从中找到不一样的灵感。

黄世昌
妃鱼电商创始人、CEO

《数智重生》为我们提供了扎实的数智化理念和训战方法，为宝贝第一品牌战略注入了数智化的活力，助力其在激烈的市场竞争中脱颖而出。通过训战营科学的方法论，我们深刻认识到企业转型的核心关键所在。对于那些希望在数智化浪潮中勇立潮头的企业和团队来说，这本书一定值得推荐！

徐立宏
宝贝第一创始人

这两年文旅行业迎来了前所未有的新发展机遇，我和团队参与了数智升级训战营后，全公司迅速坚定升级信念，运用数字化赋能文旅，推动文旅行业实现跨越式发展。《数智重生》让传统的文旅行业成为新质生产力的代表，也将为更多传统产业转型升级提供新的支撑！

孙建东

日光域集团创始人

产业园区的数智化才刚刚开始，我们快速推动用户、供应链、企业经营效率的数字化改造，构建产业互联网园区平台能力！《数智重生》为我们行业提供了多维度的思考，为产业园区数智化发展指明了方向与落地的方法，能够大幅提升企业竞争力。

严飞

青网科技集团创始人、董事长

在数智化浪潮席卷全球的今天，媒体正经历着前所未有的变革。作为航空机场数字场景新型媒体的从业者，如何定义和创新场景媒体，是行业亟待突破的难题。《数智重生》的方法论和共创方式给予我们很大的帮助。如果你也正在进行场景创新的思考，或对数智化充满好奇，这本书绝对值得一读，让我们共同以数智化重新定义场景。

金洋

航旅小U、益航科技创始人

数智重生

REBIRTH

战略求变 与 组织焕新

［新加坡］陈威如
凌 隽 田佳玮 —— 著

机械工业出版社
CHINA MACHINE PRESS

本书提供企业转型应变的战略共创与拆解落地的集体修炼方法论，提出"三看一瞄"与"想做、可做、能做"的分析框架，帮助组织领导层找到企业十年的战略转型定位，再利用"WHO-WHAT-HOW-WHICH"凝炼三年内企业可以打磨成功的创新业务和第二曲线规划，最后通过目标、策略、工作任务、指标拆解企业每一年的战斗分工，铸就全员舍我其谁、积极有序的创新精神，以及以结果为导向的文化价值观，最终达成用"一张图、一颗心、一场仗"战略引导的组织动态能力修炼。

北京市版权局著作权合同登记　图字：01-2024-6186 号。

图书在版编目（CIP）数据

数智重生：战略求变与组织焕新 /（新加坡）陈威如，凌隽，田佳玮著 . -- 北京：机械工业出版社，2025. 3. -- ISBN 978-7-111-77755-7

Ⅰ. F272. 1-39

中国国家版本馆 CIP 数据核字第 2025QC9132 号

机械工业出版社（北京市百万庄大街 22 号　邮政编码 100037）
策划编辑：张竞余　　　　　　　　责任编辑：张竞余　孟宪勐
责任校对：刘　雪　马荣华　景　飞　责任印制：单爱军
保定市中画美凯印刷有限公司印刷
2025 年 5 月第 1 版第 1 次印刷
170 mm×230mm・18 印张・3 插页・198 千字
标准书号：ISBN 978-7-111-77755-7
定价：89.00 元

电话服务　　　　　　　　　　　网络服务
客服电话：010-88361066　　　　机　工　官　网：www.cmpbook.com
　　　　　010-88379833　　　　机　工　官　博：weibo.com/cmp1952
　　　　　010-68326294　　　　金　书　网：www.golden-book.com
封底无防伪标均为盗版　　　　　机工教育服务网：www.cmpedu.com

引言
PREFACE

上海浦江边上的一幢高楼中，住着一家三口。每天早上，女主人林霏都会在6点准时起床。当她穿着完毕站起身时，窗帘缓缓地拉开，清晨的第一缕阳光照进来。在去梳洗前，她轻轻说了声"咖啡"，厨房的咖啡机便熟练地开始运作：蒸汽、热水、咖啡豆碰撞出"滋滋"的响声。

在浓郁的香气中，她梳洗完毕，坐在书房的电脑前，开始一边享用咖啡一边浏览信息。打开邮箱，她首先看到秘书发来的一个会议邀请。公司最近收到一个"特别"的订单，这本是件好事，但林霏却有些发愁，她今天要和团队召开会议详细讨论方案。

半个小时后，她换好衣服，走上了跑步机。今年40岁的她，打算进行有针对性的训练。她手上佩戴着运动手环，记录每天的运动时间、运动项目、消耗的热量，数据汇总后系统会自动生成未来的运动方案，便于更合理地健身。

7点，跑完步的林霏回到房间，听到女儿屋里传出对话的声音。10岁的女儿小晴现在上三年级，此前她的英语成绩一直不尽如人意。但半年前，人工智能平台根据小晴的学习现状和需求等数据，为她量身定制了一套个性化的学习计划，并给她设计了一本交互式故事书。小晴可以通过点击生词来获取释义，并利用平台上的语音功能听整篇故事，同时还可以进行互动学习。女儿跑出来兴致勃勃地说，今天班主任老师要带整个班的学生到学校附近的社区图书馆，在那里，他们将通过一款公益软件帮盲人阅读书籍。

忙完这一切，早上8点，林霏准时坐在了驶往公司的车上。她打开自动驾驶模式，随着车辆启动，早上收到的秘书发来的邮件，以及这些天来一直萦绕在她心头的诸多问题翻江倒海般向她涌来。林霏目前经营的花漾服装公司，专注于快时尚领域。他们不仅为自家品牌设计并制作服装，还为众多其他品牌提供出口代工服务。得益于工厂的灵活产能，公司既能满足自身需求，也能接受外来订单，尤其是在需求旺季。此外，他们还经营着几家自营门店，以确保品牌与顾客之间的直接联系。然而，随着市场的变化，生产和销售、线上和线下、原创和抄版、关注产品到关注用户、团队和组织的配套，一系列问题错综交织，让公司发展越发困难重重。其实早在几年前，她就已经意识到，数智时代已然来临，公司发展面临机遇与挑战。但转型究竟从何入手，她想得多却一直不能下决定。这两年，她在公司推行了一系列数智化举措，为了转型线上销售，她还专门在公司内部组建了团队，并送员工去学习线上运营方法论，去学习制作短视频，发展线上内容。这虽然是一笔不小的投入，但林霏深知，在数智化的大潮前，这是公司必须要付出的成本。到现在，花漾服装公司已经有30%的销售在淘宝和抖音上进行。但让她失望的是，一年下来，原本承载厚望的线上销售，却有很多不尽如人意的痛点。首先，转移到线上销售却仍旧很难准确预测消费者的需要，有时候对某些款型信心满满，备了很多库存，但并没有很好的销售业绩；有时候单品卖成了爆款，却又没有足够备货，她感觉，这种生产和销售之间的不匹配，就像购买大乐透一般捉摸不定。其次，线上销售的价格竞争特别激烈，一旦有哪款服装卖得好，因为信息透明，同行就会蜂拥而上，最终导致利润甚微。在这样的情况下，闺密张静建议她，行业日落西山，不如索性卖掉公司，关门大吉。

　　一想到把公司卖掉，林霏的心就隐隐作痛。这家她经营了20年的公司，已远非"生意"那么简单。它承载着自己儿时起就拥有的生产最美丽服装的梦想，凝聚并见证着自己和丈夫白手起家的心血和爱情，更重要的是，她是女儿未来教育以及父母养老的保障……在红灯亮起的十字路口，看着来来往往的车流，想到下个月要迎来的40岁生日，即将不惑之年的她深感茫然无措。绿灯亮起时，马路对面的楼宇屏幕上赫然出现了一行大字——"你认为的山穷水尽，恰是另一个始发之地"。这句平日未加留意的广告在此刻却突然让她沉郁的内心闪出一丝光亮。她环顾四周，看着自己置身其中的、自动驾驶的汽车，又想到仅在一个早上自己所经历的由数智化带来的便捷高效的生活，突然意识到数智时代带来的无穷可能性。对于企业经营来说，不应该仅停留在线上销售，还要寻求其他突破口。

既然营销数智化改变不了服装行业商业模式的痛点，能不能从价值链的其他环节切入？例如，发展柔性快反的智能生产满足消费者日益个性化的需求，发展数据驱动的供应链管理帮助行业伙伴降本增效，利用 AI 赋能设计师让他们能够直接 2C 经营自己的潮牌……当这些想法一起在脑海闪现时，她的内心一阵悸动。但究竟从哪里入手，数智化战略如何制定，又成了难题。另外，面对数智化转型，团队的共识也是一大挑战。虽然现在公司上下似乎团结一致，但不少人对于行业未来发展的不确定性心存焦虑。如果公司尝试的数智化转型在未来两三年看不到成果，林霏担心，大家的信心或许会被消磨殆尽。再往深层次说，未来十年，花漾到底要成为什么样的花漾？是要做一份养家糊口的生意还是成为一家伟大长青的公司？是在品牌建设、渠道创新上发力还是将制造的能力升级？哪个方向能够聚拢人心，为员工、客户带来最大价值？挑战重重，时间紧迫，不惑之年如何能解心头之惑？她期待有本书能够告诉她答案。

目录 CONTENTS

引言

第1章 • 数智新世界　/ 1

重做思维
每个产业都值得用数智化重做一遍　/ 3

数智三化
全场景与全链路的可视化、可量化、可优化　/ 7

升级框架
数智升级 VSOT 框架　/ 13

认知转变
使用旧地图到不了新大陆　/ 17

涅槃重生
一张图、一颗心、一场仗　/ 19

第 2 章 • 战略生成：看十年 / 27

战略循环

规划—拆解—执行—复盘（四步轮回） / 29

- 战略定义和数智化战略的两重含义 / 29
- 实施数智化战略的两项基本原则 / 30
- 数智化战略循环落地四步法 / 31

战略生成

想做、能做和可做（三环聚合） / 33

- 可做，数智化未来观 / 36
- 能做，数智化动态观 / 42
- 想做，数智化世界观 / 50

实战案例解析 / 55

- 宝岛眼镜：从 Eyewear 到 Eyecare 转型升级 / 55

第 3 章 • 症结卡点：战略制定的关键破局点 / 63

症结卡点的定义与内涵 / 65

战略重生的关键是找准症结卡点 / 67

五种常见症结卡点类型 / 67

- 症结卡点一：商业模式缺共赢 / 67
- 症结卡点二：客户满意难闭环 / 68
- 症结卡点三：业绩成长有瓶颈 / 69
- 症结卡点四：经营改善未到点 / 70
- 症结卡点五：个性标准难兼顾 / 71

第 4 章 • 战略聚焦：谋三年 / 73

战略聚焦
可做、能做和想做的交集 / 75

业务该做
WHO-WHAT-HOW-WHICH / 76
- WHO：谁是我们的客户/用户 / 77
- WHAT：他们的痛点和需求是什么 / 80
- HOW：如何满足差异化的需求 / 81
- WHICH：从哪里切入和引爆最合适 / 84

实战案例解析 / 90
- 宝岛眼镜：战略聚焦与创新业务设计 / 90
- 阿斯利康：以全病程诊疗一体化服务推动社会创新 / 94

第 5 章 • 精益迭代 PMF：数智创新迭代方法 / 99

精益迭代
数智化战略的迭代艺术 / 101

PMF 法
市场和客户迭代式匹配法 / 102

实战案例解析 / 104
- 青网科技集团：数智化驱动的产业发展服务商 / 104
- 树根互联：工业互联网数智化的四阶段迭代发展 / 107
- 小米汽车：小米全生态战略的创新迭代 / 117

第 6 章 • 战略执行：干一年 / 121

拆解执行
三分规划，七分执行 / 123

- 关键字：拆 / 124
- 关键字：解 / 126

执行落地

六步法 / 128
- 战略落地六步法 OTSSTI / 128
- 战略落地六步法小案例：生活中的减肥 / 130

策略拆解的三种方法 / 132
- 策略拆解方法一：公式法 / 132
- 策略拆解方法二：流程法 / 137
- 策略拆解方法三：要素法 / 144

第 7 章 • 数智颠覆：价值链的解构和重构 / 151

价值链的定义和内涵 / 153

价值链的解构和重构 / 156

数智化的价值创造 / 160

实战案例解析 / 163
- 汉帛国际：通过数智化打造"柔性快反"制造模式 / 164
- 步步高商业：通过数智化实现零售"精细化运营" / 167
- 安得智联：通过数智化打造"一盘货"业务新模式 / 172

第 8 章 • 组织焕新：战略和组织协同升级 / 181

升维思考

战略组织一体两面 / 183

组织三力

能力 × 动力 × 持久力　/ 185

组织焕新

组织保障 3+1 模型　/ 189

- 组织保障 3+1 模型之组织形态　/ 191
- 组织保障 3+1 模型之人才管理　/ 196
- 组织保障 3+1 模型之机制流程　/ 203
- 组织保障 3+1 模型之文化心智　/ 205

组织焕新

数智化转型本质是一场深度变革　/ 212

- 变革理论：勒温三部曲和科特八步法　/ 213
- 数智焕新：数智升级组织变革 V 模型　/ 217

实战案例解析　/ 219

- 安得智联：从对内部门转变为社会化供应链平台　/ 220
- 蔡司光学：从 B2B 模式转变为 B2B2C 模式　/ 223

第 9 章 • 求变重生：组织动态能力　/ 227

面对巨变的求变重生思维　/ 229

企业重生依靠组织动态能力　/ 231

实战案例解析　/ 237

- 璞康：将 AI 转化为组织新质生产力　/ 237
- 思爱普：从软件服务向智能商业转型重生　/ 246
- 美特好和全球蛙：向善利他孵化行业增量平台　/ 252
- 胖东来：爱与关怀带来生态新生　/ 255

后　记 • 集体共创，训战结合　/ 261

- 集体共创，上下同欲　/ 261
- 训战结合，借事修人　/ 263

参考文献　/ 266

作者　/ 269

第 1 章
CHAPTER 1

数智新世界

重做思维：每个产业都值得用数智化重做一遍

数字经济的浪潮正呼啸而来。有着"数字经济之父"之称的全球新经济学家唐·塔普斯科特（Don Tapscott）在其1994年出版的《数字经济》一书中提及："信息技术的革新掀起新时代的数字革命，将彻底改变经济增长方式以及世界经济格局，带领企业进入数字经济时代。"

三十年后的今天，数字元素已渗透每个现代人的生活，也影响着我们的工作方式与内容。在林霏的故事中，我们已经感受到数智化技术对人类生活方式的深刻改变。除此之外，数字经济也深刻影响和改变着企业的创新、产业的竞争乃至社会的运行发展与公平正义。数智化技术不仅能带来生产要素、劳动工具、劳动主体的变革，而且能带来整个生产力体系的变革，重塑新的生产关系。

如果从手机、电视、汽车行业走过的历程来看，数智化正改变行业的多个面向，企业提供的客户价值主张正由"产品的单一功能"向"整体解决方案的体验"转变，例如功能手机向消费者提供打电话的效用，而智能手机向人们提供娱乐、工作、消费、金融、陪伴等综合解决方案；产品架构由"硬件"主导向"硬件+软件"与"产品+服务"转变，例如手机加入了健康管理app，与传感器搭配，能够监测消费者运动时的心跳数、饭后的血糖值、睡眠的品质，带来健康的生活方式，监测后还可以导医，提供医疗服务；营销流程也由"拍脑袋决定"向"数据驱动"下千人千面的精准满足转变；因此相应的有竞争力的组织能力由此前的"英雄主义、单打独斗"向"人机协作、群体协同"转变，追求生态协作、共创价值；商业模式也由"单次博弈"向"长期共创共赢"转变，例如，过去只卖汽车，现在提供全生命周期车生活的服务；过去卖房只赚一次钱，现在则更重视提供美满家庭生活服务进而得到细水长流的收入。

作为数字经济时代的重要基础设施，关键技术如物联网、大数据、人工智能的发展，开始赋能各行各业的合作伙伴实现其高效的数智化变革与发展。数字经济的快速发展正在为整个人工智能产业创造良好的发展条件和技术环境，而人工智能作为关键性新型技术能力，也正在被视为整个国家数智化经济发展的核心推动力。

随着数智技术的发展，很多行业都正在被重新定义。未来十年的"产业数智化"时代，将会是在研发、物流、制造等环节的全场景、全链路的数字化、互联化、智能化。端到端数智化相连后能带来客户需求驱动的研发与生产，使需求与供给的完美匹配成为可能，无论是供应链、制造还是服务，都有可能被重做一遍，客户需求被精准洞察、小批量个性化定制、柔性快反、全生命周期服务将会是未来商业的主旋律。

过去十年，企业经历了从IT信息化时代到以营销信息和分销渠道为特点的消费互联网时代：信息快速触达客户，洞察交易需求，精准营销的同时，也存在流量竞争、内卷加剧的现象，出现运营方式未改善、产品差异不明显、客户缺乏忠诚度等问题。

与需求更为迫切、技术成熟度更高、商业模式更成熟的消费互联网相比,产业互联网虽然整体潜力巨大,但由于业务链条长、服务模型复杂,对产业组织的变革要求高,应用场景更为复杂,对基础设施和技术的要求较高,对资本的需求也更大,在过去几年发展受到限制。

在数智时代,技术的飞速发展为各行各业"重做一遍"带来了前所未有的机遇。例如,以往专注卖眼镜的宝岛眼镜通过数智化技术开发了青少年近视防控方案,这一创新举措有效地整合了在线视力检测、个性化眼镜推荐、远程视力监控和矫正服务等功能,不仅极大地提升了消费者的购买体验,也为眼镜连锁行业树立了新的服务标准。索菲亚家居(以下简称索菲亚)利用数智化技术开发了全屋定制服务,允许消费者通过在线设计工具自由规划自己的家居空间,利用虚拟现实技术实现家居效果的立体展示。这种创新的服务模式,不仅满足了消费者对家居个性化的强烈需求,也极大提高了家装服务的效率和质量。索菲亚的成功案例,已经成为家装行业内其他企业学习和模仿的对象,促进了整个家装行业向数智化、个性化方向快速发展。

随着近些年中国商业从"消费红利"向"存量经济"转变,企业依靠粗放式经营实现高速增长的时代已然过去,跑马圈地、野蛮生长的逻辑不再奏效。企业必须凭借精准化运营在市场寻找机会点和增长点,其经营思维必须回到消费者价值这一原点,精准把握消费者需求,推动自身的业务创新、新品研发、产业链布局等,打造企业真正的核心竞争力。如此背景下,互联网巨头们开始深度介入上游产业端。随着阿里巴巴加快拥抱AI电商的步伐,腾讯在全真互联网的新征途上渐入佳境,京东持续精耕上游供应链……互联网的主战场正从

"上半场"的消费互联网向"下半场"的产业全链路环节的数智化升级转移。

与消费互联网的"客户旅程闭环"相比，产业互联网希望多关注"产品旅程闭环"，从产品的开发流程、机制到商品制造过程的人力、物料、资源的投入，以及机器设备管理、质量保障、物流交付等产品全旅程的可视化、可量化、可优化管理。如果说消费互联网是人、货、场的重构，那产业互联网就是人、机、件的协作。人，指的是员工，员工的专长、行为、生产力都能够通过数智化被看到、被分析。机，指的是机器设备的使用，根据员工工作的特性匹配一台适合他的机器设备，比如给销售人员匹配一台智能终端，销售人员到每个地方都能够通过这台终端了解到那一家店里的货摆得好不好，还有多少库存，如此一来就能大幅提升工作效率。件，指的是派发给员工的项目，企业如果能把每一份订单与工作都派给能力最匹配的员工，自然会从整体上提升公司的投入产出效率。

举例来说，传统互联网时代的营销是通过线上优惠券将客户引流至线下，最终造成补贴竞争，并没有创造增值，而产业互联网将带来一次体验的重构，从单纯的线上引流延伸至提供更为个性化、快捷高效的产品和体验。大众点评、美团等专注于本地生活的app将不再只是流量运营，还能对餐厅、门店进行食材供应链及客户管理系统的赋能，提升运营管理效率，实现"大规模+个性化"，让消费者吃到安全、满意的食物。

对于普通企业来说，这意味着什么？众多企业已经用行动给出了坚定的回答——数智化升级转型。

在数智时代，数据成为一种新的生产力，数字资产是企业的核心资产，数智化转型是企业的核心战略，经过累积整理后的优质数据、提炼精准有洞察力的算法、新能源驱动的高维算力将成为企业的新核心能力。

借用新思路、新技术和新方法，所有的行业都值得重做一遍，未来十年，如何借数智化来重新定义原来的所作所为，是所有企业都必须思考的一个议题。数智化转型对企业而言，可能是一个既关乎当下生死，又关乎长远发展的关键命题。

现代管理学之父彼得·德鲁克（Peter F. Drucker）曾说："战略不是研究我们未来做什么，而是研究我们今天做什么才有未来。"有人断言，将来只有两种企业，要么是原生的数智化企业，要么是重生的数智化企业。在自然界能够生存下来的物种，并不总是最强壮的或最聪明的，而是那些最能适应变化的。正如，没有成功的企业，只有时代的企业。企业的数智化转型已是大势所趋，在这条路上没有旁观者，只有掉队的人。拒绝数智化，就意味着被市场逐渐边缘化。

数智三化：全场景与全链路的可视化、可量化、可优化

那么，什么才是真正的数智化转型？

数智化包括数字化和智能化。虽然各界对数智化定义不一，但核心概念相通：即通过数字与智能技术（大数据、AI、云计算、区块链、物联网、5G等），帮助企业优化现有业务各价值链，降本增效，实现从业务运营到产品/服务的创新，提升用户体验，构建新的增量业务与核心优势，进而实现企业、产业的转型升级，提高可持续的竞争力。

而数智化转型则是利用数智化技术，驱动企业进行商业模式重

构、核心优势重塑的过程。数智化转型不是单纯的 IT 系统建设，而是包括战略、业务、组织和技术等多方面的系统性设计与建设，是一个通过战略、业务、组织、技术创新优化，进行全链路、全要素、全场景、全触点、全渠道、全生命周期的解构、重构和持续优化的过程。通俗来讲，就是万物互联协作，人和人相连、人和机器相连，有电的地方都有计算，有计算的地方都有智能，有智能的地方都可以促进供需实时匹配。

全场景是指线上和线下的融合。未来任何一家公司想要触达消费者，可能要运营上百个场景，包括线上场景和线下场景。线下场景包括传统的杂货店、超市、购物商场、会所、餐厅等。线上场景在未来会占据半壁江山，从传统的电商到社交电商、直播电商、内容电商等。在未来的商业版图中，企业将通过多样化的渠道与消费者建立联系，这些渠道可能数量庞大，多达数百个。每一个渠道虽仅占据市场份额的 3% 到 5%，但企业若未能有效运营，短期内将失去竞争优势，从长远来看，则可能被时代淘汰。在这种情况下，企业必须巧妙地将线上与线下的运营逻辑相结合，以实现无缝融合，从而在激烈的市场竞争中保持领先地位。

近年来，宝岛眼镜在其数智化转型过程中构建了全场景服务客户的流程与能力的做法，带给我们很多启发。

自 1997 年进入中国大陆市场以来，宝岛眼镜零售门店数量在行业内一直处于领先地位。与大多数仍在追求规模扩张的眼镜零售门店不同，2015 年起，宝岛眼镜放慢了拓展门店的脚步，开启了"专业化＋数智化"战略。具体而言，宝岛眼镜利用数智化工具，例如通过微信小程序与消费者相连互动，搭建数智化工作平台，记录消费者的健康档案、消费情况和积分等信息,形成了用户画像,使消费者的信息和偏好直观可见;根据年龄层级将用户分为青少年、青年、中年和老年人群,重新定义了视健康需求,发展视健康管理业务,使得过去用手写记录的运营数据,如消费者的眼健康状况、行为、偏好和反馈等,都得到客观的量化、数位化,有效支持了企业的精准营销和个性化服务;通过数智化手段优化了从售前、成交到售后的服务流程,赋能验光师线上运营,提升了消费者全流程体验;同时也通过组织结构和机制的调整,量化员工的服务表现和消费者满意度,进而优化员工的激励机制和专业培训。

全场景客户运营之后就是全价值链路的数智化协作。通过数智化相连,消费者的需求会立刻引导研发,实现生产制造的定制化,然后再将产品通过快速的物流交付给消费者,全链路端到端相连提供敏捷、个性化的价值。

作为数智化转型的领军企业,家装行业的索菲亚在过去十几年的耕耘可以给我们带来全链路协作的直观感受。索菲亚创立于2001年,是一家从卖瓷砖转型为定制柜、橱柜、木门、地板、配套五金、家具家品等,从事整体解决方案业务的研发、生产和销售的企业,是行业中第一家利用数智化能力提出全屋家装定制的企业,通过价值链路上下游环节的数智化协同,解决了生产服务链路长、涉及面广、难以管理的行业弊病。相较于以标准化生产为主的传统家装企业,索菲亚通过设计、生产、渠道管理等环节的数智化转型,实现了根据顾客房型与顾客对美感的不同需求,进行个性化定制的服务模式,生产过程经过智能计算和模块化拆解与组合,实现极致的降本增效,提供多选择、快交付、性价比等柔性快反的综合价值;整个服务过程更加依赖于数据分析,而不是仅凭个人经验,这使得决策更加科学和准确;数智化工具使得顾客更深入地参与到家装设计过程中,提高了顾客的满意度和忠诚度;通过数智化工具,索菲亚更高效地管理运营,包括生产、物流和销售等各个环节。

具体而言,索菲亚投资研发了一款集成 VR(虚拟现实)技术的设计软件,这款软件不仅提高了设计师提案的效率,还帮助消费者更精确、更具体地与设计师沟通他们的需求。一旦设计师和消费者就设计方案达成一致,索菲亚便会将这一方案细化,转化为对原材料的具体需求、生产工序的安排以及明确的交付时间表。随后,位于黄冈的智能制造 4.0 工厂会根据这些详细计划进行订单生产,采用模块化加工方式,并在每块板材上附上二维码。这样,各地的众包安装人员只需扫描二维码,便能准确了解每块板材的安装位置。若在施工过程中发现错误,他们同样可以通过扫码,让工厂迅速响应,加急生产缺失的板材,并将其直接运送到消费者家中,从而减少安装延误,大幅提升消费者的满意度。

这种做法展现了企业如何将销售、设计、生产、物流、组装和维修等全链条微粒化拆解,并通过数智化工具实现各环节间的无缝衔接。这使得消费者个性化需求的满足与生产标准化的成本降低得以完美结合,实现了"鱼与熊掌兼得"的理想状态,破解了行业内长期存在的矛盾难题。索菲亚等中国家装企业通过数智化升级,不仅创造了全新的业务模式,也帮助企业从单一产品销售转型为提供整体解决方案,从而提升了客户满意度并增强了组织能力。行业中的企业如尚品宅配、欧派家居、我乐、皮阿诺等也都利用类似的数智化系统推出全屋定制产品,扩大市场份额,夯实核心竞争力,取得行业领先地位。

正如宝岛眼镜和索菲亚的例子所揭示的，在实现全链路和全流程场景化的过程中，数智化带来的核心价值是整个生产与服务流程的**可视化、可量化、可优化**。

可视化是指帮助所有人在任何时候可以看到所有数据。管理者在审视供给侧和需求侧时，能将一个完整的流程细分成不同的环节，进入颗粒度极其细微的场域，让每一个颗粒被放大检视，让以前看不清楚的员工的行为、用户的需求和产品的流程等一览无余。

可视化的例子比比皆是。在办公领域，飞书 OKR 使用户充分利用飞书生态中的各种功能，如任务管理工具、日历、数据可视化等，帮助企业实现高效目标管理；在消费领域，淘宝直播将线下卖场转移到了线上，让消费者对产品一览无余；在制造业中，工业物联网（IoT）的应用，将物理设备、车辆、机器等与网络相连，通过实时数据采集分析，对设备进行实时监控，优化生产流程，提高生产效率。作为医院信息化建设的核心组成部分，HIS 系统是为了管理和运营医院而设计和开发的一套综合性的信息系统，整合了医院各个部门和业务流程的数据和信息，实现了医院内部的信息共享和协同工作，提高了医疗服务的质量和效率。

在可视化的基础上，下一步数智化提供的价值是可量化。可量化意味着将可视化后的信息转化成人类决策者有感知的数字，帮助管理者认识现实情况，并产生管理指标与抓手的过程。例如，在观察需求侧的客户旅程时，在由了解、兴趣、接触、互动、交易、反馈、复购、共创构成的闭环中，管理者可以检视每一个环节的业绩表现，例如，如果发现有 35% 的用户能够从兴趣转化成交易，那么企业可以基于同业数据评估这一数字的大小，便于企业设定 KPI（例如转化率提

高到 40%）与改进方案（营销、客服、展厅）。㊀

在量化的基础上，业务才能得以优化。可优化意味着数智技术能够响应和满足创业者在人机交互过程中的个性化、多样化需求，根据市场需求持续性地进行数据结构的优化迭代。在可量化的基础上，通过数智化的工具和技术，可以不断优化企业的业务流程、业务能力、组织结构、业务规则和运营模式，提高效率和质量，降低成本和风险，实现企业的可持续发展。

需要强调的是，数智化转型不是"另起炉灶"，而是对多年来充分集成、整合和优化的数据信息资源的重新配置。数智化转型要从自身业务出发，结合自身优势，把整个行业的价值链路摊开来看，找寻企业经营的关键卡点，利用数智化方法从关键环节切入，以求为公司带来最大效用，而不是脱离现有业务去做全新的业务。

另外，数智化转型并非朝夕之功，正如罗马城不能一天建成。在流程上，数智化转型是一场攻坚战，是一个渐进的过程，不能一蹴而就，通常需要几年甚至更长的时间。数智化需要先"升级"后"转型"。企业观念及时转变、管理机制逐步完善、资金和资源舍得投入、战略规划全面且适合企业自身发展等要素，将支撑企业数智化转型的"启动"和长期续航。

正如美的集团董事长方洪波所指出的："在数字化的基础上实现智能化，再由智能化催生工作互联网，这一过程虽漫长却至关重要。"自 2010 年起，美的便踏上了数字化转型的征程。通过"632 项目"的深入实施，美的构建了涵盖 6 个运营系统、3 个管理平台和 2 个技术平台的一体化架构，确保了数据与流程的统一，使管理与业务流程的

㊀ 陈威如，王晓锋《用户全旅程数字化运营方法论》。

透明度和可视化水平显著提升。美云销平台的推出为所有零售商提供了一个集中的交易平台，进一步增强了销售渠道和交易过程的可视化管理；而"T+3"模式的成功实施，将供应链各环节高效压缩至3天内完成，使得供应链状态和进度的实时监控成为可能，大幅提升了可视化水平。[一]

在可量化层面，美的通过数字化转型，对业务流程和运营数据实现了量化管理，营收、净利润、现金周期等关键财务指标的精确量化，为企业绩效的评估与比较提供了坚实的数据基础。特别值得一提的是，美的现金周期从2012年的26天显著缩短至2022年的–2.5天，方洪波曾在解释"–2.5天的概念"时说："美的做了3000多亿元的生意，但我们用的是社会资金，这就是数字化带来的好的成效。"[二]这一变革显著提升了资金流转效率。从可优化的角度来看，美的不仅从单纯的产品销售转型为提供综合性解决方案，如智能家居、智慧楼宇等，这一商业模式的创新为公司开拓了持续的收入来源，并能够根据客户需求进行灵活优化。通过数据驱动，美的实现了研、产、供、销等业务环节的全面透明化，并以此推动了全价值链业务的持续变革和改善。此外，"驾驶舱"和个人数据驾驶舱的创建，为员工提供了个性化的决策支持工具，极大地优化了工作模式。

升级框架：数智升级 VSOT 框架

数智化是延续性创新还是颠覆性创新？数智化会改变我们的业

[一]《美的的数字化转型之路：从流程驱动到数据驱动，到产业互联》(腾讯新闻)。
[二]《方洪波最新演讲：美的数字化转型10年回顾》(腾讯新闻)。

务、组织、运营流程，还是全部？数智化战略如何设定？数智升级征程如何启动？

站在数智时代的门口，相信上述问题是很多企业在进行转型时共同的困惑。数智化犹如二次创业，为了回答以上这些问题，我们建议分为使命愿景、战略业务、组织人力、技术实现四大环节来构建规划，我们将其称为"VSOT框架"。面对数智时代的挑战，企业要从认知上升级，需要借助全新的VSOT框架将事业重做一遍。具体说来，企业需要预见十年后的未来，以终为始地重新评估业务设计，重新思考用户价值、战略定位、破局与路径、解构与重构，以及如何实现规模化发展。

"V"（Vision）是使命愿景，包含了两层意思，第一是企业对宏观世界的理解和认识，即是否认识到数智化在行业及企业发展上的重要性；第二是是否有以终为始的思考，能否看到行业的未来前景，能为谁带来价值，企业的价值使命是否与数智化的世界耦合。

"S"（Strategy）是战略业务，即企业要思考现有的商业模式是否可持续，如何利用数智技术构建数据驱动型的新业务。

"O"（Organization）是组织人力，即企业要考虑如何孵化创新，如何融合新老人力，搭建既敏捷灵动、又专业协作的双元组织。

"T"（Technology）是技术实现，即要实现数智化转型，企业既要设定技术升级路径，又要帮助业务与技术同修共创。

与大多数技术迭代不同，数智化转型涉及组织、业务与人的转型，因此没有标准的解法或相同的路径。从某种意义上讲，全球各行各业正在进行一场数智化转型的实验。但可以确定的是，数智化转型要成功，一定是以上"V""S""O""T"四个要素紧密组合的结果。

如果说企业的数智化转型像一个魔方，那么，使命愿景、战略业务、组织人力和技术实现就像这个魔方的四个不同面，看似彼此独立，实则核心相连。不同的行业、企业，推进数智化转型时所应用的VSOT框架的组合不尽相同，但一般而言，战略驱动在前，同时企业家的变革领导力是贯穿始终的一环。尤其需要强调的是，这四者的组合并不是静态的，而是动态变化的。随着数智化的推进，魔方也在不停旋转，形成不同的组合，呈现不同的数智化转型的图景。

拥有相同愿景的不同企业，所选择的战略路径不同，技术选择也会不同。以汽车行业为例，随着全球对环境保护的关注度不断提升，汽车行业绿色化和智能化发展方向已经成为共识。诸多新能源汽车中，增程式汽车和纯电动汽车是最热门的选择。同样看到行业的发展方向和前景，蔚来押注纯电赛道，理想则采用增程式方案，把冷门的增程式技术拉回国内市场。

拥有相同愿景，选择的数智化转型战略路径不同，企业的组织人力构建也会不同。

以主营连锁便利店的便利蜂为例，这家成立于2016年的便利店，立足北京市场，逐步走向全国。在好店长难找，也难以复制的情况下，为使便利店规模化，便利蜂研发出一套算法，从选址、订货到物流、陈列甚至打扫卫生，都交给"系统"决策。作为便利蜂的大脑，"系统"通过一台电脑向店员们发号施令，每个任务都附有极为细致的标准操作规范。店里有摄像头全方位无死角覆盖，它们是系统的眼睛，实时监督着店员们。通过人工和AI自动识别店内的画面，一旦不符合要求，便会自动发出警报。

然而，这种使用算法来替代人的做法，并非没有争议。很多企业在进行数智化升级时，也会使用人工智能，但它们始终坚信，人类有独特的智慧和创造力，这些都是人工智能永远无法模仿和取代的。人工智能技术是由人类发明的，应该被人类使用，为工作赋能，提高效率，其发展取决于人类的意图和监管，离开人的算法并不能独立完成商业运作。

同样是零售行业，同样利用数智化转型赋能增长，胖东来在迈向数智时代所秉持的理念却和便利蜂形成鲜明对比。这家创建于1995年的零售企业在河南许昌市起家，因物美价廉、优质服务和人性化管理而频频"出圈"，引发中国零售商的新思考。在人性化管理方面，胖东来的做法尤其受到关注，其创始人于东来秉持打造"幸福企业"的理念，坚信员工的休息和权益同样重要，尽管这意味着可能会少赚一些钱。这样的理念贯穿于公司的数智化转型过程中。胖东来希望通过数智化发展，将自身打造为中国零售业的模板。但与常规零售企业有所不同，胖东来数智化转型始终以人为本。

在员工自主权方面，胖东来和便利蜂有截然不同的管理模式。胖东来以其人性化的管理著称，提供给员工高于行业平均水平的薪酬和福利，包括高福利和大量的假期。此外，胖东来在处理顾客和员工的争执时，展现了其对员工的尊重和保护，不仅对顾客进行补偿，还对员工进行精神补偿，并给那些在事件中表现良好的员工提供奖励。相比之下，便利蜂则采取了高度依赖算法和自动化系统的管理方式，员工的工作流程被系统严格规定，从排班到任务执行，都由系统控制。员工需要按照系统分配的任务进行工作，这些任务包括清洁、补货、制作食品等，每个任务都有明确的时间限制和执行标准。系统甚至在

员工休息时间、吃饭时间等方面都有严格的控制，这种高度规范化和程序化的工作模式减少了员工的自主权。⊖

从上面的例子可以看出，由于所处发展阶段、行业属性、组织能力等有所不同，企业对 VSOT 框架的使用也会千差万别。以上每家企业应对变革的 VSOT 规划没有绝对的对错，关键在于逻辑清楚、符合现实、全员协力。本书撰写的初心就是，希望提供一套简单有效的框架与流程方法论，帮助企业开展全员共创，通过集体智慧一起规划，让团队上下同心，共同看见美好未来，然后携手改变命运，迈向新世界，共担共享变革的结果。

认知转变：使用旧地图到不了新大陆

行文至此，数智化转型仿佛已经万事俱备，有意者一定跃跃欲试。然而，经验告诉我们，现在为时尚早。梳理众多数智化转型的企业的经验不难发现，事实上，数智化升级和转型的最大挑战并不是战略和方法论，而是团队的共识。

数智化转型究竟要怎样推进？在传统企业的认知中，引入数字化技术、建立数字化小组就可以完成这一艰巨任务。然而，真正的数智化转型是业务战略、组织升级、技术升级叠加的复杂工程，不仅是技术转型，也是业务转型，还会涉及商业模式和经营模式的调整和优化；数智化转型不仅涉及人、钱、系统，还与企业的技术、产品、市场、业务，甚至财务、人力资源等都有较强关联，可谓"牵一发而动全身"。

⊖ 《悄悄拍摄行人，算法指挥员工：便利蜂的"系统"是否越界》(南方[+])。

因此，数智化转型不仅是首席信息官的责任，更是企业家和全体管理者的责任，甚至是所有员工的责任，需要管理者变革观念、转型思维、重构知识、升级能力，采纳新管理方式与塑造新领导力。数智化转型一旦启动，企业从上到下全体人员都必须紧密配合。

现实中，企业数智化转型失败的例子有很多。麦肯锡一份调研报告显示，中国企业数智化转型的失败率高达80%，很大程度上就和缺乏认知与共识有关。很多企业迫切想要进行数智化转型，但企业各层级，尤其是管理层，对于数智化转型的目标、路径和方法，存在很大的认知偏差，对数智化转型是什么，转型解决哪些问题，转型如何实现等问题无法达成共识，这就导致企业无法下定决心推动数智化转型，或转型启动后各级共识不一，影响了推进力度和效果。

《2022中国民营企业数字化转型调研报告》[一]指出，由于认知的不到位，大部分企业尤其是民营企业仍处于转型的早期阶段，企业仅仅愿意在局部尝试进行数智化，总体转型成效不够理想，缺乏持续推进转型的内生动力与资源投入力度。

因此，提升企业管理者的数智化认知水平成为推动企业数智化转型的前提。实现数智化转型的第一步是统一认知，让大家共同看见未来数智化的"一片天"——数智世界全局观。

数智化转型的关键首先是思维方式的转变，其次是工作方式的转变。一方面，管理层需要对数智化转型有清醒的认识，并且有尝试的意愿；另一方面，大多数自动化和数智化也需要人来设计解决方案，并且依靠人来不断地执行落实。一切还是围绕人展开，所以需要自上而下对数智化转型达成一定的共识，才有可能保障项目落地。

[一] 源自腾讯研究院。

如果缺乏企业全员的共识，仅依靠企业技术团队的工作，很难取得成功。

如何达成共识？

我们建议通过**数智化共创会**的方式。数智化共创会从战略、业务、组织、技术四个维度展开，过程包括发展方向列举、认知视野开拓、业务方向聚焦，参与数智化共创会的人员包括老板、中高层、核心骨干，会议内容围绕"看见未来""思考业务""审视组织"进行。数智化共创会帮助企业核心管理层搭建一个场域，共同展望未来，统一认知。

通过数智化共创会，企业中高层能够：认识到数智化转型的概念、数智化转型对企业的意义以及同行的转型经验，在数智化建设上形成统一认知框架；了解数智化转型的顶层设计和实施路径，通过发展方向列举、认知视野开拓、聚焦业务方向，找到合适的业务场景切入；推动战略、组织、文化、技术层面的协同与布局，助力数智化转型大目标的实现。通过数智化思维建立和行动改变，企业可以突破团队内的认知屏障，凝心聚力、破除阻碍，将数智化转型真正地转化为企业的生存力和发展力。

这是企业数智化转型的第一步，为后续的数智化战略大图共创提供了基础，对转型后续的每个阶段都会产生深远的影响。

涅槃重生：一张图、一颗心、一场仗

《逆商》一书的作者保罗·史托兹（Paul Stoltz）把生活中的任何成长和成功都比作登山。他把登山者分成三种：放弃者，选择在登顶的机会出现前退出；扎营者，选择在登峰过程中停下，躲开可能遇到的逆境；攀登者，选择终生努力攀登，不断自我成长和进步。

在波诡云谲的数智化转型浪潮中，有扬帆破浪者，有中流击水者，也有在岸边观望者。根据企业数智化转型过程中的主动、迫切和决心，我们将对企业数智化转型的态度大致分为三种类型：愿景驱动、竞争驱动和任务驱动。

被愿景驱动者相信，在这个唯快不破的时代，用过去的方法早已无法取得新的成功，取得成功的企业都是在"边开枪，边瞄准，快迭代"中大胆前行。看到数智化在改变商业模式、推动创新、提高社会效益上的价值后，这些企业主动出击，搭上了这班时代快车，进入转型发展的"快车道"，积极拥抱创新，希望转型能为企业注入新的活力，带来全方位的价值创造，改变整个行业的形态，更有效地解决社会问题，提供更多的社会价值。

但更多的人是被竞争驱动而不得不进行数智化转型升级。在数字经济时代，很多出乎意料的事情正在上演：**打败你的未必是同行，而可能是意想不到的对手！** 你能想象口香糖的销量会被什么影响吗？过去口香糖展售场景主要集中在收银台附近，消费者排队付款的过程中会有冲动购买口香糖的机会，但随着移动支付的普及，加上自助收银模式的兴起，消费者无须排队，或排队过程中不停地刷手机，对口香糖的冲动性购买可能性大大降低，口香糖品牌万万没想到威胁自己的是移动互联网带来的场景变化。⊖在外卖行业兴起后，方便面行业也遇到新的挑战，方便面品牌商们此前没有想到，打败自己的不是某个同行，而是外卖平台这样的新物种（见图 1-1 与图 1-2）；同样的

⊖ 《口香糖败给了微信？我想消灭你，与你无关》(中国新闻网)。

事情也发生在AIGC带来变革后,以注重体验为主的摄影工作室难以想象,自己的对手不是隔壁的摄影同行,而是以AIGC为基础的各种AI修图工具(用户只需要上传个人照片,通过AI可以迅速生成新的图片)。

图1-1 中国方便面零售规模变化

资料来源:欧睿,华安证券研究所。

在"隔行是冤家"的时代,数智化转型创新不仅是给企业带来新的发展机会的奢侈品,更是避免企业被时代淘汰的必需品。企业家过去的焦虑和压力主要来自经济下行及国际市场环境的急剧变化与不可预测,现在,随着劳动力成本上升和流量红利消失,企业不但要面对同行业的激烈竞争,也随时会面临"跨界"竞争者突然出现带来的挑战。在市场的倒逼下,数智化转型已不是"选修课",而是关乎生存与发展的"必修课",是企业活下去的基本要件。面对数智化转型,这些企业通常最初不为所动,后来在竞争对手的压力下,被迫进行转型,但往往为时已晚。

数智
重生

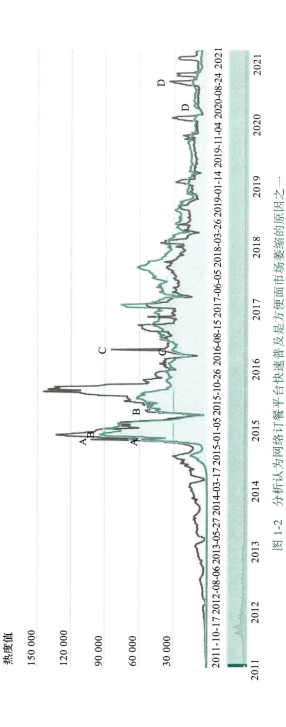

图 1-2 分析认为网络订餐平台快速普及是方便面市场萎缩的原因之一

资料来源：百度指数、东吴证券研究。

如果说被愿景驱动者是为了追求"美好",被竞争驱动者是为了摆脱焦虑,那么,被任务驱动而进行数智化转型者则更多是为了履行职责,完成上级领导交派的工作。这些人在启动数智化转型时往往相对谨慎和保守,对于数智化能实现的价值也持半信半疑的态度,但面对上级领导安排的数智化转型任务,通常都会选择尽力配合,全力推进数智化转型进程。要想更深入、更全面地推进数智化转型,必然需要有更多的人参与其中,在真实的企业环境中,天生想转型的愿景驱动者,和内卷产生的竞争驱动者可能都是少部分人群,如何通过任务的传递,让大部分人开启数智化转型的步伐也是至关重要的,只有他们先动起来了,才能有机会为集体注入使命感(使命驱动),或者提升集体危机感(竞争驱动),最终实现全员行动的目标。

数智化转型犹如探索一块新大陆,可能至少需要10年的时间,因此需要公司整个团队能有一张图、一颗心,共同打一场仗。

"一张图"是战略蓝图,是公司从共同的愿景和目标到落地的规划与执行的路径图。公司要有自己的战略蓝图,需要自上而下去制定和分解战略目标。战略目标分解到最后,会出现具备统一目标的一张战略路径图。同时,每个团队的每个员工,要在战略蓝图上找到自己的位置和价值。上级和下级可以就目标直接沟通,让下级理解战略和目标,达成共识,这样可以更有效地激发出超强战斗力。

"一颗心"是指公司全员在共同的文化理念和行为准则下,基于战略目标大图形成的分工协作,是团队文化建设的理想结果。在这个过程中,团队之间有了共同的经历,成员之间彼此了解和信任,战斗力不断提升。

如何培养上下一颗心?管理者需要思考的是:团队是一群什么样的

人？自己是否有愿景和信心带动整个公司朝着梦想前进？该如何调动员工的工作动力？如何定义与奖励员工的工作价值？面对不同的人、不同的想法，如何让团队彼此背靠背？数智化转型越往后推进，企业就越会发现，"一颗心"是让企业保持持久战斗力，打赢持久战的前提条件。

"一场仗"是为了一个共同的目标，而进行的关键战役。打赢数智化"一场仗"战役的五要素是厘清关键目标、制定关键策略、落实工作任务、明确衡量指标、锁定组织保障。目标分解下来后，公司的每个员工都要有自己的短期关键战役。通过一场场关键战役，实现最终的业务突破，支撑公司整体战略目标的达成。

"一张图、一颗心、一场仗"的实现，需要系统的协同、中台的赋能，同时需要激活个体的创造性，用十六个字总结就是：激活个体，舍我其谁，中台赋能，系统协同。

雄关漫道真如铁，而今迈步从头越。如果把企业比喻为一艘大船，数智化转型则是一场奔赴星辰大海的远航，使命是出发的初心，战略是指南针，组织是船体，技术是引擎。企业核心管理层是船长，需要站在船头瞭望前进的方向。唯有锚定未来，找准节奏，回归人本，不断夯实数智化基础，加快全面转型，企业才能在波澜壮阔的商海竞技中逆流而上。

如图1-3所示，在本书中，我们将以数智化重生转型为主线，详细阐述数智重生的"看十年""谋三年"和"干一年"的全过程，解析并演绎该过程中涉及的核心概念，包括企业制定数智化战略时要考虑的症结卡点，战略生成时会用到的"三看一瞭""3W1H"的思维方法，战略落地六步法，转型过程中的精益迭代及其核心方法论产品市场匹配法（PMF）等，共分为9章。

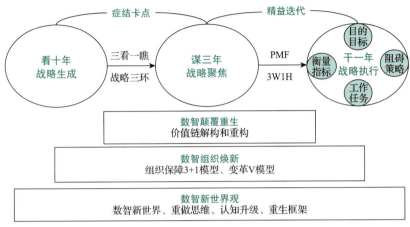

图 1-3 "数智化重生——战略求变与组织焕新"全景图

具体来讲，第 1 章聚焦数智世界观，旨在帮助读者从全局视角审视市场环境和业务处境，理解数智化如何影响整个行业和生态系统，从而思考企业如何在数智时代下开启自我重生之路；第 2 章是战略生成"看十年"，即创想和预判未来十年产业的发展前景，以指导当下的思路和做法，以终为始；第 3 章聚焦症结卡点，数智化战略需要从识别、思考和解决企业的关键症结卡点起步，不是盲目跟风；第 4 章是战略聚焦"谋三年"，即以三年为周期发展一个面向未来、可持续发展、数据驱动且能跟生态圈共赢的创新业务，通过阶段性成果给团队信心；第 5 章是精益迭代，企业在数智化重生转型中会不断试错和调整迭代，这与精益创业借助 PMF 快速迭代和持续优化的理念相契合；第 6 章是战略执行"干一年"，即对战略规划从蓝图变为现实，让战略切实执行落地进行系统性拆解；第 7 章是数智颠覆，通过数智化思维对价值链解构和重构，带来战略的颠覆与升级，"解构""重构"是数智重生的关键词，也是数智化转型的实质；第 8 章是组织焕新，数智化转型不仅是技术层面的变革，更是组织文化和运作方式的转变，往往伴随着组织架构、机制、文化的焕新；第 9 章是求变重生，数智重生需要组织具备动态能力，主动求变和向善焕新，它要求企业在数智化重生转型的过程中，一方面紧紧抓住技术迭代周期的时间窗口获得自我重生；另一方面也要积极引入商业向善与利他共赢的思维与行动，从个体到组织再到生态的集体焕新。在 AI 引领的时代，商业实践与伦理考量应并肩前行。面对不断涌现的未知挑战，数智化重生转型不仅需要战略创新和智能技术的支持，更应倡导集体共创共建的训战结合模式。

第 2 章
CHAPTER 2

战略生成

看十年

战略循环：规划—拆解—执行—复盘（四步轮回）

战略定义和数智化战略的两重含义

要理解数智化战略思维，我们先要明白什么是"战略"。

"战略"一词最初源自军事领域，强调的是智慧策划与方向设定。我们通常所讲的"战略"是商业环境下的经典战略概念。"战略是根据企业的使命和愿景，结合内外环境的分析与评估，确定企业在市场中的定位、发展方向和增长策略的一系列规划"，制定战略的目的是"通过有效利用企业的资源和能力，获取持久的竞争优势，提高企业的可持续竞争力，并实现长期的经营成功"。

数智化战略在经典战略概念的基础上拥有两重含义：一是数智化时代下的战略，即要结合数智化的环境背景来进行战略思考，例如通过数智化举措实现企业的应变重生，强调的是数智化的外部环境影响；二是战略的数智化世界观及呈现，数智化技术、产品、模式乃至认知方式会成为战略的关键元素，强调的是数智化的内部能力积累与认知升维。在本书里我们将两者结合在一起思考，不同语境下可能侧重对不同含义的描述，在企业经营实务中，两者是相互融合、密不可分的。

实施数智化战略的两项基本原则

想要全面实施数智化战略,需要我们理解和遵循两项基本原则。

第一项基本原则是"集体共创"。

数智化战略更适合通过集体智慧共创形成。传统的战略形成方式通常是自上而下、有序且理性的精心设计的过程,由战略决策者("老板""总经理"等)和战略幕僚("战略顾问""咨询师")组成的少数人主导,会相对"高效"地拍板制定公司未来至关重要的战略目标和方向。在相对连续和稳定的商业环境下,企业战略的确在很大程度上依赖于企业"一号位"的商业敏感性和分析能力,"一号位"也的确比组织内的其他人掌握更为全面的经营数据和外部信息,所以他所做的决策通常也更加"快而准"。

然而在当前的数智化变革时代,信息技术的快速发展和广泛应用,数据的大规模积累和智能化处理能力的提升,深刻影响了组织运营的方式和商业环境。在非连续和复杂的全新时代,在没有前例可参照的情况下,企业"一号位"获得的数据和信息未必最有效,相反各层级员工通过数智化可以掌握比原来更为全面和及时的信息,加上与客户面对面的一线体验,他们有可能比"一号位"更清楚客户到底要什么,企业应该怎么做。因此,我们提倡**采用集体共创的方式来塑造数智化战略**,鼓励每个个体从自身视角出发,共同绘制一幅全景式战略蓝图,这不仅能够帮助组织更好地应对快速变化的环境,还能提升战略制定的质量和战略执行的效率。

第二项基本原则是"动态调适"。

数智化战略并非静止不变,而是处于持续的动态循环之中。为了确保连贯和一致,通常在决策形成后,高层便不再对其进行调整。而在波涛汹涌的数智化浪潮下,任何一个看似完美的战略都经不起一成不变的执行,一旦战略变得僵化和固化,企业就会接近倒闭,为此我们需要在战略实施的过程中时刻反思、动态调适。

基于以上两项基本原则,战略形成的模式可能需要经历深刻的变革,正如管理学家亨利·明茨伯格(Henry Mintzberg)所提出的开创性见解,**"战略是精心设计和机缘巧合的复合体"**,华为公司 CEO 任正非也说过,"战略方向只能是大致正确的,组织必须充满活力"。数智化战略的形成是一个"涌现式"(Emergent)过程,数智化战略是在实践中逐步显现并演化形成的,它需要融合高层领导者的深思熟虑,也需要结合各层级员工的创新思考,不断地动态调适战略的方方面面,共同应对瞬息万变的外部环境。

数智化战略循环落地四步法

两项基本原则让我们窥探了数智化战略的生成方式,那么数智化战略该如何落地呢?这就需要有一套行之有效、便于大家实践操作的方法论。为此我们提炼总结了一套数智化战略生成的方法,包含"一个圆心,四步循环"(见图 2-1)。

在战略生成过程中,企业在数智化时代的使命和愿景就是一切的圆心,起着锚定与导航的作用,犹如航船承载的压舱石。战略循环正是在使命和愿景的驱动下进行的,一般可以分为四个步骤:**战略设计、战略拆解、战略执行和战略复盘**。其中,顶层的战略设计对于长远发展至关重要,旨在为组织勾画未来方向和目标;接下来的战略拆解则将长远方向拆解为实现目标的关键策略路径；战略执行则是确保关键策略得以实现的关键举措环节，需要交由团队去执行到位；在完成战略设计、战略拆解和战略执行之后，必不可少的是实时且适时的深度复盘，复盘的目的在于针对战略循环的前三个步骤开展有效的调适和优化。

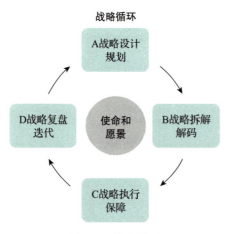

图 2-1　战略循环

战略循环的本质在于**深刻理解并调动资源满足新时代的客户需求**，即首先洞悉客户所需，然后设计符合客户需求的解决方案，再将其分解成团队的具体行动计划，最终依靠团队执行力予以落地实施，并通过复盘不断探寻优化空间。这就是整个循环的理念。

有了循环步骤，还需要有配套的认知，就像武功秘籍给出了一招一式，还需有一本武功心法。任正非提出"站在后天看明天"，意思就是**"站在未来，思考当下"**，而要践行这个观点，我们需要有系统的思路与节奏：看十年、谋三年、干一年。

"看十年" 要求我们如追求重生般地设想十年后所在行业及客户

需求的发展趋势和终局是什么样的,以及我们要建设什么样的公司、提供什么价值,确保愿景与行业发展趋势紧密相连。

"谋三年" 是利用一个可以具象化的业务创新或可复制的样板,通过三年的打磨,带给整个组织希望与想象,可以视为实现十年愿景的业务层面战略,通过切实可行的中期路径与里程碑来连接。很多公司容易对超过三年没有达成预期效果的创新项目失去信心并不再对项目提供支持;但如果追求一年内快速得到成果,很可能会出现不可持续的短期机会主义驱动的创新。因此,业务的创新以2~3年为周期较为合理。

"干一年" 意味着所有高瞻远瞩的愿景和战略规划最终都要依托团队执行才能落到实处。无论战略设计多么精妙绝伦,没有执行力的支持都将是空中楼阁。我们必须亲力亲为,投身实战去实现战略。"干一年"的关键是脚踏实地,以结果为导向,有具体的策略、做法与指标,但同时始终要与看十年、谋三年的目标保持一致。

需要强调的是,此处提及的十年、三年、一年并非死板的时间刻度,而是象征长期、中期、短期未来思考的不同层次。实际上,不同行业的战略规划有不同的周期,如传统汽车制造和医药研发等行业可能需要以十年为周期预测行业终局;而对于快速迭代的游戏行业来说,三年便已属于相对长期的视野。

战略生成:想做、能做和可做(三环聚合)

具备了"看十年、谋三年、干一年"的思路引导,接下来我们要迈向未来战略重生设计的关键一步。

如何有效地进行战略设计?我们推荐曾鸣教授分享的**"战略三环"**

的方法（见图2-2），战略设计的核心就在于绘制并识别出这三个相互关联的环之间的交集。在具体操作上，我们先要凝聚出从团队视角出发的企业生存发展的意义感并进而建构"想做什么"的第一环，接着是环境趋势允许我们"有机会做什么（可做）"的第二环，最后是符合我们组织DNA的"能做什么"的第三环，战略设计的关键在于找到这三者重叠的交集，即那些既符合使命意义又具备可能性与机遇的战略方向。

图2-2 战略三环框架帮助战略生成

在数智时代，"想做"环节对应对数智化世界观的理解和追求。时代特性决定了我们的愿景边界与焦点应集中在对数智化的认知与探索上。可以问自己的问题包括"十年后的数智世界中人们需要什么？""十年后的社会有什么大痛点？""我们希望通过解决什么问题而感到人生的意义与富足？"。"想做"代表了内心的人生使命与意义感，也是一种对未来开展一项有价值、有意义的事业的愿景与想象。企业家们往往拥有很多创新构想，每天都在思索企业的初心与终极目标，在此过程中，"想做"的环形空间激发了团队对人生使命的想象力与对社会需求的洞察力，进而转化为追求美好愿景的行动力。企业使命需要兼顾理想与现实的平衡，过于空泛可能导致业务缺乏边界，而过于保守则会让企业停滞不前。此外，想象力必须围绕一个明确的主体展开，依靠创始人个人的远见卓识或者团队共同的想象力量，若无法形成共识，战略落地的效果将大打折扣。社会的大体需求会随着时代演变，在经济积累的最初阶段，人们有提升自身竞争力的需求，希望通过辛勤工作积累第一桶金，但是当集体的财富富足之后，社会的需求又会转向精神的丰盈、理想的实现与幸福的生活。

"可做"环节呼应的是数智化未来观。 面对数智化为终局的未来图景，我们需要在此视野下寻找潜在的趋势与机会。数智化未来观要求我们从数智化时代的视角去审视未来的机会和趋势，这些机会和趋势需要通过全面扫描和深入洞察来分析判断。可以探索的问题包括"什么是接下来的产业、消费、技术发展的大趋势？""什么业务符合时代大逻辑，做起来会顺风顺水、有如神助？"，外部环境是否提供足够的机会，以及这些机会是否足够吸引人且具有大规模发展潜力，构成了"可做"环节的重要考量。这个环节考验的是所选择的战略是否存在指数级增长的红利窗口（如"10倍的增长机会"），这是一个客观存在、符合经济本质的外部机遇因素。

"能做"环节对应的是数智化动态观。 在数智化时代，数字化和智能化技术已经变得如同基础设施般不可或缺，例如通过数字化工具如企业微信运营用户，利用支付宝洞察消费者需求，建设智慧门店系统优化客户体验。可以思考的问题包括"我们迈向数智时代的竞争优势与劣势是什么？""为了实现我们的愿景最需要依靠或补充什么能力？"，在未来的数智化升级进程中，企业能否在传统的能力组合如土地、资金、人才的基础上，叠加形成基于数智工具、数据、数智产品或数智思维的能力优势，将成为战略制定和实施的重要基石。

可做，数智化未来观

接下来，我们首先来分析"可做"。数智化未来观的核心在于企业必须立足于数智化时代的长远格局，前瞻性地寻找当前所蕴含的战略机遇。战略设计的关键节点就是**建立未来视角**，唯有从未来的角度审视现在，才能在瞬息万变的市场中捕捉到成功的机会。

我们在解读和捕获的机会，俗称"时代红利"。对红利的规模大小和时间长短的洞察是我们识别机会的关键。对于数智化时代战略设计而言，可以将"可做的圈"比喻为机会红利的空间，其背后实质是对未来趋势准确预见的能力，即数智化未来观。思考"可做"的关键词是"时机"和"趋势"，我们是否在正确的时间点选择进入，对未来的趋势预判是否准确，决定了我们对机会的把握是否准确。

"可做"洞察的具体实施通常分为两个环节，**第一个环节是对外部环境做扫描**，通过宏观、中观、微观三个维度全方位洞悉市场动态。**第二个环节是通过"三看分析"找机会**，即在市场、客户和竞争对手之间开展深度洞察，识别出具有指数级增长潜力的机会点，也就是我们常说的"10倍的增长机会"。

外部环境做扫描：宏观、中观和微观

宏观扫描是用全局化、长周期的视角来审视外部环境，我们借助一种用于分析宏观环境的工具——"PESTEL框架"，从宏观的政治（Political）、经济（Economic）、社会（Social）、技术（Technological）、

环境（Environmental）、法律（Legal）六个维度来开展扫描，以帮助企业或组织更好地理解外部环境对其战略和运营的影响。

"政治"指的是那些与政府行为、政策和法律相关的外部环境因素，对企业战略决策以及运营活动有着显著的影响。"经济"指的是影响一个国家或地区经济环境的各种因素，对企业的运营、收入、成本和利润等具有直接或间接的影响。"社会"指的是影响组织或企业外部环境的社会文化要素，涉及社会结构、价值观、生活方式、人口统计特征等方面，可以对组织的业务战略、运营决策、市场定位等产生显著影响。"技术"指的是影响组织或企业外部环境的技术发展和创新，涉及新技术的出现、技术进步的速度、技术变革对市场和行业的影响，以及技术应用的普及程度。"环境"指的是影响组织或企业外部环境的自然和生态条件，涉及气候变化、环境保护法规、可持续发展的趋势以及自然资源的管理和利用。"法律"指的是影响组织或企业外部环境的各种法律法规和政策，包括国家法律、地方性法规、国际法律条约以及行业标准等，它们对组织的运营、商业活动、合规性和战略决策都有显著影响。

最终在宏观扫描时，不同的行业以及不同发展阶段的企业，侧重点也各不相同。例如，以婴幼儿、儿童及其父母为核心客户群体的母婴行业非常关注社会等因素，人口结构的变化（如出生率、家庭规模、平均年龄等）直接影响这个行业的潜在市场规模，高出生率可能增加对母婴产品和服务的需求。相对而言，以技术创新和发展为核心的科技行业则更加关注技术和社会因素。技术进步、新技术的出现、技术应用的普及程度、社会的接受度等，都直接影响着科技行业的产品和服务。科技公司需要不断地跟踪最新技术趋势，投资研发以保持其产品和服务的先进性和竞争力。而快消品行业则需要关注经济和环境因素，因为这些因素对消费者行为、成本结构、供应链管理和产品需求等方面都有深远的影响。

中观扫描是以产业和行业的视角来审视外部环境，我们可以借助"波特五力"模型进行分析。这一模型由迈克尔·波特（Michael E. Porter）提出，用于分析行业竞争结构，帮助企业了解和评估所在行业的竞争强度和盈利潜力，其中包括产业结构中的五种力量：行业内竞争者的竞争程度、潜在竞争者的进入威胁、替代品的威胁、供应商的议价能力和消费者的议价能力。通过分析这五种力量，企业可以更好地理解所处行业的竞争环境，制定相应的竞争策略，增强自身的竞争优势和盈利能力。

微观扫描是以企业的竞争视角来审视直接对手，针对现有竞争对手的一系列行为及其背后的假设进行细致剖析，寻找对手尚未察觉或难以反击的领域，在这些空白地带发掘指数级增长的机会。在此过程中，我们可以利用对手五问清单（见图 2-3），持续挖掘对手优势与短板之间的缝隙，精准定位攻击点，五问包括：对手的战略目标是什么？对手的能力优势和劣势是什么？对手的当前做法是什么？对手的行业假设是什么？对手未来的做法会是什么？以此来展开深度思考。

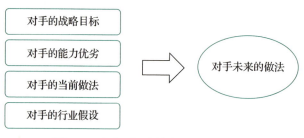

图 2-3　对手五问清单：竞争对手分析

三看分析找机会

通过宏观、中观和微观的三层扫描,我们最终需要从纷繁复杂的外部环境中洞察出最有价值的机会(10 倍的增长机会)。实践中我们会发现,企业的规模大小、发展阶段和行业属性差异很大,如果每一次战略生成的思考都要经历完整的三观扫描,显然是没有必要的。为此我们提炼出**三看分析**,即在三观扫描的基础上做进一步的处境分析与机会识别。三看分别是看市场、看客户、看对手,提炼具体的问题清单可以帮助我们更多地理解企业的真实处境。

看市场,是要研究所在行业市场规模、成长性、供需结构、发展阶段和集中度,探究所属产业数智化进程对市场各方面的具体影响,明确总体及细分市场的发展趋势。

看客户,是要精准定位目标客户群体,包括他们的分层分类和各自占比;细分客户需求和痛点,尤其是那些尚未得到充分满足的需求;分析如何运用数智化工具深入挖掘客户场景与需求,前瞻思考客户未来发展趋势。这里需要明确"客户"和"用户"的区别,也就是区分购买决策者和使用者。

看对手,除了微观扫描直接竞品外,还需关注不同领域和板块的潜在对手,全面分析它们的战略布局与动向。具体来说,我们要分析对手的意图和目标,当前的数智化创新举措,核心优势及其来源,市场和客户洞察及依据,未来的意图和行为趋势等。

三看分析旨在**透过市场裂缝、客户需求与痛点以及竞争对手的战略盲点,发现隐藏的趋势性机会**。这种趋势性机会有足够大的发展空间和相对较长的存续周期,即所谓的"10 倍的增长机会"。在三看之后最终要洞察出各种趋势,识别出机会选项(不是唯一的,而是几个选项），与后面的"能做"相对应。

可以通过以下步骤系统识别和评估这些机会：

（1）通过三看分析识别相应机会。

（2）绘制二维坐标轴，横轴表示机会大小，纵轴表示周期长短。

（3）将所有识别出的机会标注在相应的坐标位置上，对比分析后锁定具备足够大发展空间和相对持久周期的"10倍的增长机会"。

通常我们在选择机会时还需要考虑自己的能力大小，选择什么样的机会是一种战略艺术，在实践过程中我们发现一开始就选择长周期大机会的公司往往成为牺牲者，而一开始就选择短周期大机会往往会让企业留恋机会主义而忽视自身能力的打造，随波逐流最终昙花一现。

所以我们一方面要学会分析机会的大小和周期，另一方面也要思考机会的切入点和发展路径，图2-4反映了我们发现的比较适合企业实战的入手机会方式，先从短周期的小机会入手，快速积累后学着抓取中机会，并在短周期的中机会中构建能力和积累资源，去尝试抓取中周期的中机会，抓取中周期的中机会后，不能留恋于当下的安逸，必须进一步积累资源和优势，形成独特价值后开启对长周期大机会的冲击，这样的路径更符合企业能力和机会的匹配发展，也更容易打造持久的竞争优势。

为了有效地识别和判断这些机会，我们引入一个工具表，如图2-5所示，构建一个矩阵模型来进行系统的评估与决策。值得注意的是，在这个矩阵中，"正面"和"负面"是相对的概念，依赖于我们当前所在企业的视角来界定。因为随着参照系的变化，某个看似负面的变化趋势在不同企业或情境下可能转化为正面的变化趋势。采用矩阵模型进行机会识别与判断,有助于团队成员共同参与、共同审视,并在统一的框架内展开深度讨论与辩论,从而促进共识的达成。

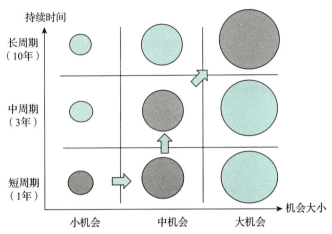

图 2-4　机会识别评估框架

注:气泡圈大小表示机会的大小

三看一瞧:找指数级增长机会

	看市场	看客户	看对手	瞧自己
预计趋势不变				机会
正面变化趋势				优势
负面变化趋势				挑战
10倍的增长机会	←　　机会1、机会2、机会3…… 在三看分析的趋势中筛选10倍的增长机会　　→			劣势

图 2-5　利用三看一瞧辨识指数级增长机会

需要特别指出的是,在趋势不变、正面变化趋势和负面变化趋势中,趋势不变的重要性常常会被忽视。我们不应只关注变动的趋势,同样要留意保持不变的趋势。另外,识别趋势的真正价值不在于仅仅发现它们，而在于**洞察趋势背后隐藏的良机**。最后，所谓的"10倍的增长机会"中的"10"并非字面意义上的量化指标，而是强调机会的规模和潜力的相对差异，我们的目标应是**辨识出那些具有较大潜力和影响力的机会**。

在明确了"可做"的领域后，我们可能识别出很多机会。然而，能否抓住每个好机会，还要看接下来对"能做"的分析。

能做，数智化动态观

"能做"环节与数智化动态观密切相关。"能做"是内部分析视角，是对**自身资源、能力和竞争优势的审视**，代表着企业的核心能力与执行力，是企业抓住并有效利用机会的关键基础。能做的环节检验的是企业识别和抓住时代红利背后所需的能力——当机会出现时，是否有足够的能力将其把握住。

资源是企业运营所依赖的各种实体或无形输入要素，涵盖设备、设施、人力资源、资金、土地、知识产权、品牌资产和技术文化等价值创造元素。其中，有形资源如财务资本、实物资产和组织架构等可量化且显而易见；无形资源则更为隐蔽，包括技术专利、企业声誉和人力资源等，这些难以直接观察且竞争对手难以复制的资源对企业长期发展具有决定性影响。

企业在运用资源过程中展现的独特技能和运作模式，就是能力，它关乎企业如何高效整合资源以实现价值创造，比如技术研发能力、市场营销能力、运营管理能力、创新能力等，这些都是由企业知识积累、员工技能以及内部流程相互作用形成的竞争优势源泉。

传统意义上，大多数人会认为，只要投入资源就可以获得竞争优势。事实上，投入资源建立的只是能力。而"能做"的目标不仅仅是拥有能力，而是**将能力转化为核心竞争力**（见图2-6），这是确保企业在数智化浪潮中牢牢抓住机会并建立竞争壁垒的核心竞争力。能力需要符合四个标准才能被称为竞争优势（核心竞争力）：即**是否有价值、是否稀缺、是否难模仿和是否不可替代**。

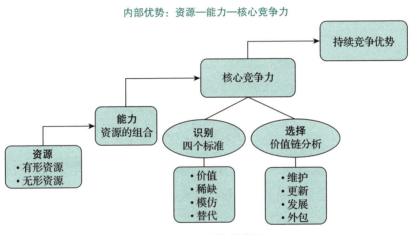

图 2-6　内部优势分析

独特的竞争优势，就是我们通常所说的"护城河"或"竞争壁垒"。常见的护城河包括：**品牌优势**，即强大的品牌知名度、美誉度和忠诚度；**技术壁垒**，即拥有专利技术、核心算法或者独特的研发能力，难以被快速复制；**规模经济**，即大规模生产或运营所带来的显著的成本优势；**网络效应**，即产品或服务的价值随着用户数量的增加而增加，新进入者很难在短时间内积累大量用户；**较高的客户转换成本**，即如果客户更换供应商需要付出较高的时间、金钱成本或其他代价，则客户可能继续使用现有供应商的服务，如企业级软件、金融系统等；**特许经营权/政府许可**，即在某些行业，企业通过获得独家特许经营权或政府许可形成竞争优势；**供应链管理**，即高效且稳定的供应链管理体系，能确保原材料来源、降低成本并保证产品质量，构筑起一定的竞争壁垒；在娱乐、教育等领域，拥有**丰富且独家的内容版权库**也是重要的护城河；对于零售、物流等行业，优越的**地理位置**（如交通枢纽、城市中心）是显著的竞争优势。以上这些护城河并不是孤立存在的，很多时候企业会**同时依赖多条护城河**来构建和维护自身的竞争优势。

我们为大家提供一个工具表（见图 2-7 前两个部分），用于分析和确定企业的优势和劣势，使用工具表主要分为两步。

第一步分析行业的关键成功因素，即列出助力企业成功所需要的资源、能力和竞争力方面的关键因素清单。

第二步是**识别自身的优劣势**。企业需要根据之前列出的要素，进一步标识哪些是实际的优势，哪些是劣势。这通常涉及对比竞争对手，了解市场需求以及客户反馈，以确认这些优势是否为企业提供了竞争上的差异化，劣势是不是需要改进的领域。

能做：核心竞争力识别

行业的关键成功因素/资源能力	核心竞争力	核心竞争力排序 按照4个标准1~10计分，得分越高排序越高				
		有价值	很稀缺	难模仿	不可替	得分
成功因素/资源能力：	A：优势					
	B：优势					
	C：优势					
	D：劣势					
	E：劣势					

图 2-7 核心竞争力识别表

通过这个分析过程，企业可以**更清晰地了解自己在市场中的定位，制定出利用优势和克服劣势的战略规划**。例如，如果一家企业在技术创新方面具有明显优势，它可以利用这一点来推动产品开发和市场扩展；如果一家企业在客户服务方面存在劣势，则需要在这一领域进行改进，以提升客户满意度和忠诚度。

需要强调的是，对于"能做"常常存在很多误解。**"能做"经常被误解为仅仅局限于当前的能力范围**。然而，现有的能力通过不断裂变、分形和演化，也可能催生和发展出新的"能做"能力。这表明，我们目前掌握的技能和知识不只反映了我们现在的能力水平，更暗含了未来成长和拓展的巨大潜力，因此，识别出根本的能力基础，并放眼未来，深思如何将当前的能力演化为未来的竞争优势非常重要。

以阿里巴巴为例，它在初创时期提出的众多战略构想虽不具备现成的能力支持，但通过从 B2B 到淘宝、支付宝，再到阿里云、菜鸟网络的一系列非连续性能力跃迁，逐步形成了今日的"电商＋支付＋物流＋云"的数字商业生态系统。识别并培育那些能够促使能力跳跃式发展的根基与积累方向，就能描绘出"能做"的蓝图。

类似的例子还有香飘飘品牌，从棒棒冰延伸至冲泡奶茶，再拓展至液体奶茶，香飘飘的战略转型背后体现的是能力的创新应用和延展。尽管棒棒冰和冲泡奶茶看似风马牛不相及，但从食品工艺的角度看，它们在生产原理上具有共通性，只是形态不同，背后需要的底层能力和原料相似，这就是能力迁移的典型案例。

洛可可公司的例子很好地展示了**数智化技术如何赋能企业实现能力跃迁**。这家总部位于北京、实力雄厚的整合创新设计集团创立于

2004 年，经过 20 年的发展，已在上海、南京、杭州、成都、宁波、厦门、深圳及伦敦等地设立了子公司。公司坚持以"设计"为核心竞争力，秉持"设计美好世界"的使命，致力于构建连接用户、企业、设计师的桥梁，凭借优质设计师，获得了很多全球设计大奖。

然而，随着业务的逐步发展，创始人贾伟发现公司进入了瓶颈期。依赖于人类设计师的传统模式存在效率问题，因为人类设计师的时间有限，不能随时待命以快速响应客户需求；人类设计师也不都是博学多闻的，无法完全满足客户多样化和多元化的需求。客户需要预先付款并等待两周以上的时间，且交付结果可能不尽如人意。

为了解决这些痛点，洛可可通过**在传统设计能力上嫁接数智化及 AI 技术，利用人工智能优化设计过程，改革了设计行业的运作模式**。通过对人工智能体进行形色义的培训，公司孵化创立的智能设计平台"洛"（后更名为"水母科技"）能提供无限的设计图案，让设计服务变得普惠。这一变革使得客户在支付前就能预览上百个设计提案，选定满意的设计再付款，与之前需要先付款并等待两周以上，最终对交付结果可能还不满意的行业传统模式形成鲜明对比。现在的模式既提高了效率，又降低了成本，极大地提升了客户满意度。

关于"能做"的第二个常见的误区是，**"能做"的事就是优势**。实际上，仅有执行能力并不直接等同于竞争优势。关键在于这种能力具备差异性，能在竞争中提供独特价值，这样的能力才能被认为是真正的优势。企业常常误以为，资源的大量投入和强大的能力自然会构成优势，但实际上，优势是通过与竞争对手对比确定的。在价值链中，寻找与竞争对手在服务客户过程中的不同之处，是建立优势的关键。即使是从事相同业务的企业，也可以通过选择和强化不同的关键要素，打造出差异化的能力，从而实现竞争优势。

差异化能力是指**企业在市场竞争中区别于竞争对手的独特能力或特征**，使企业的产品或服务对特定顾客群体更具吸引力。这种能力可以来自产品设计、品牌形象、服务质量、技术创新、生产效率等多个方面。在价值链上形成满足客户的不同方式正是实现差异化的关键途径。在价值链的每一个环节，如原材料采购、生产过程、产品设计、营销推广、销售渠道、客户服务等，企业都可以通过独特的策略和实践来创造差异化。

差异化的目的是**使产品或服务在消费者心中占据独特的地位，从而在竞争激烈的市场中获得优势**。差异化能力可以帮助企业吸引特定的目标市场顾客，提高顾客忠诚度，实现更高的品牌识别度，最终推动销售和市场份额的增长。

例如，同样是做水的生意，农夫山泉和怡宝纯净水就着重打造了差异化定位。农夫山泉强调其水源是天然水源，这是其主要的竞争优势之一。天然水源的使用为其产品增添了天然和健康的形象。相比之下，怡宝纯净水强调纯净水处理技术，水的来源可以不同，重点在于通过高标准的净化工艺确保水质。在餐饮行业，竞争格局同样多样，不同餐厅根据自身定位和战略选择了不同的竞争焦点。有的餐饮品牌注重口味，致力于提供独特、美味的菜品来吸引顾客；有的品牌侧重于价格竞争，通过提供物美价廉的餐饮服务来吸引消费者；有的品牌，例如海底捞，则采取了不同的策略，通过提供卓越的顾客体验，包括细致周到的服务、舒适的就餐环境和多样化的增值服务，建立独特的市场地位。图2-8展示了企业相较于对手的差异化优势分析。

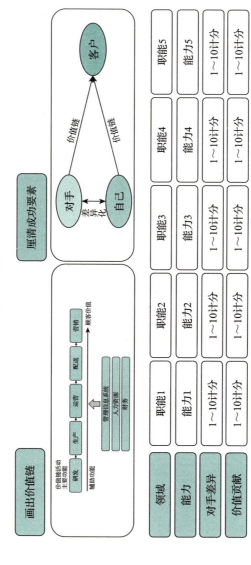

图 2-8 企业相较于对手的差异化优势分析

对于“能做”的识别、筛选和决策，需要团队站在未来和差异化的角度共同审视。我们可以采用一个工具表来进行系统筛选和评估，步骤包括：描述企业的资源和能力；列举由这些能力可能衍生出来的优势；根据四个标准共同赋值打分，确定优势排序；选取得分位于前 3 名并且高于 75% 分位线的优势作为优先考虑对象。

理解了“能做”的定义和内涵后，我们就要开始让大家尝试着共同看到“能做”什么。还是借助前文用到的核心竞争力识别表（见图 2-7 最后一部分），将大家列举的核心竞争力进行价值排序，越符合核心竞争力四大标准得分越高，从而让大家形成共识。

在明确了“能做”和“可做”的范围后，企业需进一步回归初心，寻找两者交集中 10 倍的增长机会，并确保这些机会既能充分利用企业的核心能力，又能在未来创造多元价值点。为此，我们可以采用一个识别工具，横轴代表企业的核心能力，纵轴代表机会的潜在规模，四个象限中第一象限为优先投入领域，第二象限值得密切关注，而第三象限可选择无视，第四象限可选择舍弃（见图 2-9）。

优势选择：能做和可做的交集

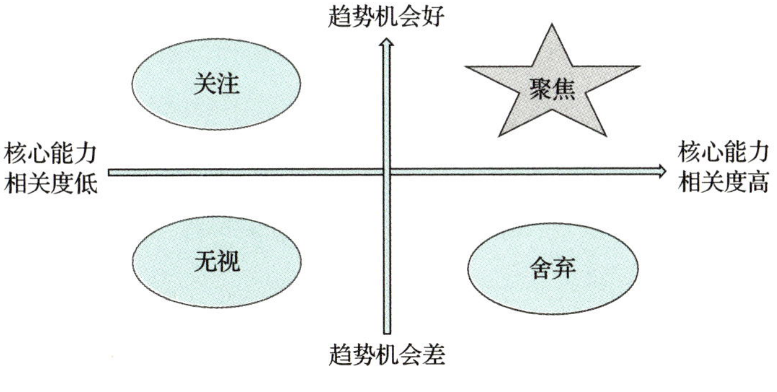

图 2-9　企业进行优势选择的决策

想做，数智化世界观

经"可做"洞察后的好机会，在"能做"的进一步分析后，会进一步缩小和聚焦。但从实践来看，"可做"和"能做"的交集中依然会有很多方向可以选择。

这正显示出战略设计的艺术性，好战略的备选方案依然可能是好战略，不同的人会有不同的选择，但都需要有备选的方案。正如理查德·鲁梅尔特（Richard Rumelt）在其著作《好战略，坏战略》中所说，好的战略不是单一的计划或方案，而是一个包含多种可能性和应对策略的框架，这意味着即使主要计划无法实施，好的战略也会包含有效的备选方案，这些备选方案同样能够帮助实现战略目标。从科学的角度很难判断这些备选方案哪个更有前途。

在科学的战略设计过程中，"能做""可做"共同构建了一系列可选方案。面对这些经过精密计算得出的选择，我们应如何做出决定？即便"能做"与"可做"的交集中存在多条可能通往成功的路径，我们仍需借助于"想做"的概念，以揭示我们内心真正追求的"该做"的目标。此时，引入"想做"这一环节成为做出最终选择的关键辅助，帮助我们从多个可能中识别出最符合我们愿景和价值观的战略方向。

"想做"是正向选择和负向淘汰，因此对于战略的"想做"，可以从两个部分进行选择。

第一个部分是**使命、愿景和价值观的初心选择**。

"想做"实质上就是企业的使命——即企业存在的根本目的、服务的对象以及要实现的价值创造；愿景则是企业追求的理想状态，它是对使命达成后美好景象的描绘，反过来又强化了使命的实践动力；

价值观则是企业在遵循使命和愿景开展活动时，团队所秉持的基本行为准则和共同遵守的标准。

使命通常是企业发展的恒久指引，愿景可以根据发展进程分阶段设定，如规划十年后的宏伟蓝图。尽管许多企业在初创时期可能尚未形成高瞻远瞩的使命和愿景，但往往已具备一定的价值观基础。

使命和愿景清晰的企业，会天然地形成正向选择的战略，例如阿里巴巴的"让天下没有难做的生意"，让阿里巴巴早期的战略聚焦在电子商务领域（中国供应商的网上广交会业务）；价值观明确的企业会天然地实施反向淘汰的战略选择，例如，追求使命驱动、不怕难的人才会汇集于该组织，集体选择或推动对社会影响力大、对生态赋能的业务，抛弃短期自利、不共赢的创新。

从不吃差价，到真房源，再到安心服务承诺，"坚持做难而正确的事"贯穿了链家和贝壳的创始人左晖的创业史。秉承"客户至上"的理念，链家创立初期，通过提升服务品质和透明度，推出"真房源"行动，确保信息真实，虽然短期内客户有所流失，但最终建立了市场信任。在运营贝壳时，左晖又采取平台化战略，将链家模式推广至全行业，打造开放平台，吸引多方品牌加入，并通过 ACN 网络促进合作，提升效率和服务质量。在技术方面，贝壳推出 VR 看房服务，结合大数据分析，优化推荐算法，改善用户体验。左晖坚持"不走捷径"，即使面对挑战，也维持服务的真实性和透明度，这种长期主义和品质追求，使链家和贝壳在竞争中脱颖而出。

第二个部分是满足企业利益相关方的需求。

企业在制定战略和决策时，不仅受到内部目标和愿景的驱动，也会受到各个利益相关方的影响和倒逼，这些选择往往反映了企业希望达成的共同目标。利益相关方主要包括**资本利益方、市场利益方和内部利益方**。资本利益方包括股东、投资者等,他们对企业的期望通常集中在财务回报上,比如希望企业能尽快实现盈利、股价增长或成功上市,以实现投资增值。市场利益方(包括客户、合作伙伴、供应商等)关注的是企业能否提供高质量的产品或服务、维持良好的合作关系、保持供应链的稳定性等。例如,客户可能会期望企业提供创新的产品和优质的服务。内部利益方(包括员工、管理层等)对企业的期望可能包括职业发展、工作环境、薪酬福利等(见图2-10)。

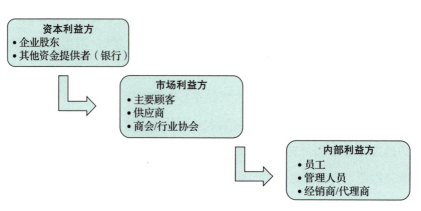

图2-10 企业的利益相关方分析

明确谁是"第一利益方"对于制定相应的战略决策至关重要。识别并确定最重要的客户或利益方,是战略设计过程中的重点。例如,在一个多边平台的业务模式中,买家和卖家均为客户,确定在战略设计中优先服务于哪一方,是决定平台成功与否的关键。这不仅影响到平台的运营策略,也直接关系到资源分配、市场定位以及长期发展规划。因此,企业在制定战略时,需深入分析和理解各方的需求和期望,以确保能做出最有利于企业长远发展的决策。

大部分公司主张"客户第一",但在数智化时代背景下,传统意义上"客户"的定义变得模糊不清。在数智化平台型企业中,我们需要明确界定优先服务于谁,也就是找到"第一客户"。这就涉及两个关键问题:**"客户第一"观念的与时俱进,以及对"第一客户"身份的认知升级**。

以良医汇为例,这家成立于2015年、专注于肿瘤领域教育和科普的平台,连接了医生、患者、药企等多方角色,在其复杂的生态系统中,面临着来自医生、患者、药企等多个利益相关方的挑战。在初期,良医汇主要为药企推广新药物和新疗法提供服务。其创始人利用外资药企背景和丰富的市场推广经验,选择医生群体,尤其是知名医生作为商业模式运行的核心,这一决策对战略的制定起到了关键作用。

通过将知名医生置于商业模式的核心,良医汇有效地利用了医生的专业性和影响力,为药企提供精准的推广渠道,同时也为患者提供了高质量的医疗信息和服务。这种做法不仅支持了其初期以药企服务为主的商业模式,也为平台的长期发展奠定了基础。通过构建以医生为核心的健康生态系统,良医汇得以综合平衡各方利益,实现了商业成功和社会价值的双重目标。假设良医汇没有将医生作为其第一客户,而是优先考虑药企或患者,可能会面临不同的挑战。以药企为首要客户可能导致平台过度商业化,影响医患关系的纯粹性和医生与患者之间的信任度;而如果优先患者,则可能在没有足够医生资源支持的情况下难以满足患者的需求,导致平台服务质量不稳定。

在"能做""可做"和"想做"这三个概念中,"想做"是最具主观性的要素,体现了企业家的初心和价值观。不同的企业创始人在相同行业赛道上会做出不同的战略选择。践行"想做"的关键是将创始人的想法、意义感和价值观贯穿整个团队，使之成为全体成员共同追求的目标。同时，践行"想做"也要求妥善处理理想与现实的关系，避免创业初期盲目乐观或经历一段时间发展后变得保守畏缩。企业需要在积极进取与审慎务实之间找准平衡点，**既要提升认知，洞见未来的数智化趋势，又要敏锐洞察内外部环境变化，迅速调整"想做"的边界**。

在进行战略决策时，企业可以使用想做框架（见图2-11）来讨论和识别使命、愿景、价值观以及关键利益方。这个过程不能仅由创始人完成，必须借助团队的力量共同探讨和形成共识。在此之前，举办一次文化共创会议至关重要，让所有参与者共享对企业未来发展路径和规范的认识，只有这样才能将创始人的"我想做"转化为集体的"我们想做"，进而使战略更加切实可行且易于落地执行。

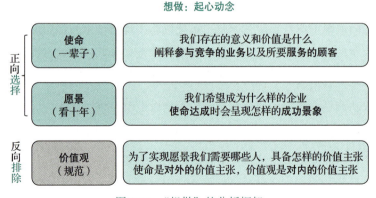

图2-11 "想做"的分析框架

综上所述，战略推演的过程可以通过简洁明了的模型来展现，即**找到"想做""可做"和"能做"三个维度的交集点，这便是"该做"**

的战略定位。

所谓"该做",既是一种科学的决策,也蕴含着战略选择的艺术。一方面,它要求我们保持战略的持续性和一致性,确保战略意图得以贯彻,这强调了对战略定力的重视;另一方面,"该做"并非铁板一块的绝对标准,而是需要根据情况的变化灵活调整的指导原则。在实际操作中,关键在于使团队深刻理解并达成对战略选择的共识,明确何时应坚持原计划,何时需要适时调整。

接下来,我们通过分析宝岛眼镜针对数智化时代进行战略转型与重生的案例来深入理解企业制定一套可落地的战略规划与决策过程中的考量。

实战案例解析

宝岛眼镜:从 Eyewear 到 Eyecare 转型升级

宝岛眼镜是星创视界集团旗下的眼镜零售直营连锁品牌,也是目前中国大陆最大的眼镜零售直营连锁品牌。宝岛眼镜于1972年成立于中国台湾地区,面对大陆地区的巨大市场机会,首先于1997年在武汉开设了大陆地区第一家宝岛眼镜店,此后经历了眼镜1.0～眼镜3.0的迭代,目前在大陆地区已拥有1100多家门店,遍布200个城市,拥有1600多名认证验光师,消费者会员总量超过3000万名。

过去十几年宝岛眼镜一直在电商销售、私域用户运营方面引领行业。在不断的尝试和复盘中,星创视界集团内部关于数智化变革方向的共识逐步清晰:低频消费的验光配镜服务行业,在数智化经济时代如果只做好存量市场，或者"待客上门"显然已经不够，利用数智化手段开发增量市场，拓展多元化业务才是可持续发展的关键。通过"三看一瞧"的分析，宝岛眼镜最终完成了数智化战略聚焦。

看市场

随着经济的快速发展，国民收入和消费水平不断提高，近视人口增加，消费者保健意识增强。Statista 的报告显示，全球眼镜产品的市场规模保持良好增长态势，从 2012 年的 1194 亿美元增长至 2019 年的 1302 亿美元，预计到 2025 年有望增长至 1585 亿美元。根据欧睿咨询的报告，2012 年至今中国眼镜产品市场规模保持快速增长态势，从 2012 年的 528 亿元增长至 2019 年的 895 亿元，远高于同期全球增速水平，预计到 2025 年将进一步增长至 1142 亿元。

在庞大的市场规模下，眼镜行业的发展有其自身特点。眼镜零售行业是一个涉及多环节的产业链，包括材料供应、生产制造、品牌运营、批发分销和零售服务等环节。镜片品牌如蔡司与依视路强势且拥有丰富资源，持续引领技术创新，在市场上具有较高的认知度和影响力。镜框方面创新品项繁多，设计风格多样化，满足不同消费者的审美和使用需求。耗材（如镜片清洁剂、眼镜盒等）虽然创新较多，但在整个产业链中并不是决定性因素。

眼镜零售门店提供视力测量、镜片选择、镜框适配等专业服务，强调个性化的顾客体验，以满足不同消费者的需求。优良的地理位置对于吸引顾客至关重要，例如人流量大的商业区或购物中心。随着电子商务的发展，许多眼镜零售商开始探索线上销售，与实体店形成互补，提供更加便捷的购物选项。

看客户

从消费者的角度来看,眼镜零售行业面临着消费者需求多样化、市场竞争激烈和客户忠诚度不高的挑战。根据艾瑞咨询2023年发布的报告,眼镜行业的消费者主要集中在18~40岁,其中18~30岁年龄段的消费者占比最高,达到44.4%。成人近视镜消费者关注佩戴舒适度和验光专业性,偏好街边眼镜零售店和眼镜批发市场;儿童及青少年近视镜消费者更关注近视度数的控制和佩戴效果,倾向于前期在医院配镜;成人老花镜消费者则更关注佩戴舒适度和售后服务的全面性。

眼镜属于耐用消费品,一般情况下,消费者不需要频繁更换,除非视力发生变化或者眼镜损坏。因此,相较于日常消费品,眼镜的购买频次较低,平均换购周期为2~3年。一副质量好的眼镜通常价格不菲,尤其是包含品牌镜片和设计师款镜框,加之专业验光和定制服务,使得整体购买费用相对较高(几千甚至上万元)。从需求特点来看,近些年,消费者在选择眼镜时,既注重眼镜的时尚潮流元素,以匹配个人风格和审美,同时也非常看重眼镜的专业性能,如准确的视力矫正、舒适的佩戴体验等。另外,随着电子产品使用时间的增加,近视人群不断扩大,特别是青少年群体,为眼镜零售行业带来了持续的需求增长。

由于眼镜市场的品牌和款式众多,加之消费者对跨店比价和新品尝试的喜好,客户忠诚度相对不高,容易受到新品牌和促销活动的吸引。但与此同时,消费者越来越重视购买过程中的专业服务体验,如个性化的视力检测、专业的选镜咨询、售后维修等,愿意为此类增值服务支付额外费用。

看对手

眼镜零售行业正处于快速变革之中,面临着价格竞争激烈、创新不足和新兴竞争者崛起等挑战。

在眼镜零售行业中,由于产品和服务的同质化程度较高,零售商之间的竞争主要集中在价格和促销活动上,许多零售商为了吸引消费者,往往采取降价促销的策略,从而引发价格战。行业内普遍存在产品和服务创新不足的问题,许多零售商依赖传统的销售模式和产品线,缺乏差异化竞争优势,难以在竞争中脱颖而出。近年来,一些知名眼科医院(如爱尔眼科、中山眼科、天津眼科等)开始开展配镜业务,利用其在眼科医疗领域的专业优势和品牌影响力,为消费者提供从视力矫正到眼镜配备的一站式服务。大致上,中国眼科医疗市场规模如果按照公立和私立划分,基本呈现"六四开"的规模格局。除去综合类门诊医疗机构,2020年国内眼科专科医院数量为1061家,其中,只有56家为公立医院(多年来增速基本停滞),1005家都是民营医院(近年来复合增长率介于15%~25%,与眼科医疗市场规模的增长相近)。

这一趋势为眼镜零售行业带来了新的竞争压力。如溥仪眼镜、木九十、依视路等眼镜连锁品牌凭借独特的品牌定位、时尚的产品设计和优质的顾客服务迅速崛起,成为行业的新生力量。这些品牌通常更注重品牌建设和顾客体验,通过创新和差异化竞争策略,成功占据了一定的市场份额。

与此同时,随着互联网技术的发展和消费者购物习惯的变化,眼镜电商平台迅速发展。通过线上销售,零售商能够突破地域限制,以更低的成本向更广泛的消费者群体提供产品和服务。电商平台的便捷性和价格透明性吸引了许多年轻消费者，对传统的线下零售模式构成了挑战。

瞧自己

在分析了眼镜零售行业的市场特征、客户特征和竞争格局后，我们可以分析宝岛眼镜的能力优劣势。作为知名的眼镜零售品牌，宝岛眼镜在行业内享有较高的知名度和声誉。凭借多年的经营积累，宝岛眼镜已建立起强大的品牌影响力，吸引了大量忠实客户，在消费者心中的品牌认知度和信赖度，是许多新进入者难以在短期内建立的。

宝岛眼镜的线下门店网络覆盖广泛。庞大的实体店体系使其能够近距离接触和服务消费者，快速响应市场变化和客户需求，并实现线上流量与线下服务的无缝对接，达成O2O模式的有效融合。

在对数智化基础设施建设的深刻理解和深厚积淀上，宝岛眼镜也走在前列。早在2001年，宝岛眼镜在仅有30家门店时，便在行业中首次引入数字化信息系统，开始建设POS、ERP等系统辅助精益管理。此后几年，天猫、京东等电商的崛起为很多传统线下零售商带来了挑战，宝岛眼镜乘势成立了电商部门，尝试在电商渠道销售。2015年初，宝岛眼镜又迈出了数智化转型最关键性的一步，启动"专业化＋数字化"战略。2019年，提出私域流量运营，在微信、大众点评、小红书、抖音等app开设账号，通过线上工具与会员互动，到目前每个平台都开设了数千个账号进行用户营销与运营。

然而，虽然具备以上优势，宝岛眼镜同样面临着诸多挑战。广泛的网点覆盖为宝岛眼镜提供了便利的客户接触点，但随着商业地产租金的不断上涨，高昂的店租成本对利润率构成压力，尤其是在人流量大、租金高昂的一线城市中心区域，宝岛眼镜需要开创新的收入增量以应对租金及员工薪资的增长。随着市场竞争的加剧和消费者偏好的变化，新兴品牌和电商平台通过更加时尚的产品设计、创新的营销策略和个性化的服务吸引年轻消费者，而宝岛眼镜品牌的全家庭大众化定位，在年轻人的心中逐渐比不上潮牌。因此在日趋激烈的竞争环境中，宝岛眼镜曾经的领先优势受到挑战。

通过"三看一瞧"的分析框架，我们得以深入洞察眼镜零售行业与宝岛眼镜的运营环境及未来趋势，从而识别出行业面临的**主要症结卡点**，主要集中在以下三个方面。

第一，眼镜行业毛利率高、净利率低的商业模式。眼镜产品的成本主要包括材料成本、制造成本、品牌授权费以及销售环节中的租金和人工费用等。其中，镜片和镜框的材料及制造成本占比大约为15%，相对固定。但租金和人工费用占比高，分别占24%与25%以上，是主要的开支。在一线城市和繁华的商业区域，高额的租金成为压缩净利润的重要因素。同时，为了提供专业的顾客服务，雇用专业的验光人员和有经验的销售人员也需要较高的人工成本，这些造成眼镜零售企业虽然有85%的毛利率但最后只剩下不到10%的净利率。

第二，消费频次低，客户忠诚度差。市场上眼镜品牌和款式的多样性，加上消费者对价格、款式和服务的不同偏好，导致眼镜行业的客户忠诚度普遍较低。消费者在选择眼镜时，可能会被更优惠的价格、更时尚的款式或更便利的购买渠道吸引，许多连锁品牌发展会员管理系统，但是客户在平均2~3年的眼镜换购周期内，不需要与配镜人员互动或者回访同一家门店。这一特性导致了眼镜行业的消费频次相对较低，老客户运营效果不明显，零售商需要不断花钱引流吸引新客户以维持销售。

第三，从业者竞争激烈，有劣币驱逐良币的现象。眼镜的消费是双元属性，兼具时尚属性和功能属性。时尚属性促使眼镜品牌不断创新设计，推出多样化的产品以满足市场需求；时尚属性的强化使得一些消费者愿意为了追求美观和个性化而支付更高的价格。眼镜的功能属性关注提供视力矫正和眼部保护，强调的是产品的专业性和对用户健康的贡献，这要求专业的技术和精确的验光配镜服务，需要从业者具备专业知识和技能。双元属性市场中，竞争尤为激烈。一方面，时尚属性激励品牌不断推陈出新，追求设计和营销的创新；另一方面，功能属性要求从业者维持高标准的专业服务和产品质量。然而，时尚容易感受到但专业性不容易一时鉴别，市场上可能出现"劣币驱逐良币"的现象，即低质量的产品占据市场，影响消费者的体验，甚至可能对消费者的视力健康带来负面影响，使消费者对整个行业不满意、不信任。

面对症结卡点，过去十几年宝岛眼镜一直运用电商销售、私域用户运营等"线上化"举措引领行业，但同行也发出疑问：眼镜是低频消费品，投入大量营销费用从线上引流，在消费者到店配完眼镜后1～2星期内利用app、小程序等数字化工具进行用户回访，但2～3年后，消费者再配镜时已经将品牌忘记，因此实务上如果只关注互联网上拉新的流量转化，将无助于提升复购率。

另外，如果大力投资发展新的品牌连锁店（潮牌），利用线上新媒体抢占年轻人市场，是否可行呢？短期来看或许能够补充宝岛眼镜的多元品牌布局，但长期而言，如果服务流程仍然依赖门店与专业人员，高运营成本、低净利润的行业关键痛点仍然存在，创新品牌并没有根本改变企业或行业的命运。

数智化战略是面向未来十年的，需要解决行业的关键症结卡点问题，任何回避关键症结卡点问题的战略都只能短期有效，只会让企业持续反复应变，耗费心力而无法长期有效。在眼镜行业的例子里面，或许可以尝试探索如何定义与构建"未来服务零售"，带来消费者健康解决方案、专业人员优势发挥、企业可持续发展三赢的商业新架构。

近年来，数智技术的兴起推动了软件与硬件设备的融合，让客户的健康诉求有了更多被满足的可能。视光设备例如眼底摄像机可以在 30 秒内拍摄消费者双眼照片，利用大数据云计算技术上传，云端的 AI 图像智能判别在 30 秒内下载包含眼睛健康的几十项检测结果到消费者的数字终端，帮助高效进行眼睛健康筛查。数智化也在辅助产业链的各个环节，眼镜的小批量多样化生产、加工、制造越来越简单。这些都让宝岛眼镜有了重新定位自己到底"想做"什么的机会。综合以上分析，自 2018 年起，宝岛眼镜将未来十年的战略定位为"视健康服务"，也由彼时起，宝岛眼镜开始启动从 Eyewear（眼镜产品零售渠道商）到 Eyecare（视健康综合服务商）的转型升级。这一定位标志着宝岛眼镜利用数智时代红利的战略性重生，宝岛眼镜并不只是利用数字化做线上营销，而是利用数字化工具及智能检测技术，发展对于消费者眼睛健康的全流程的管理与服务，改变过去卖产品需要开展价格竞争的处境，不断提升客户价值与自身核心能力，并建构具有竞争壁垒的新业务。

第 3 章
CHAPTER 3

症结卡点
战略制定的关键破局点

第 3 章　症结卡点：战略制定的关键破局点

症结卡点的定义与内涵

　　《好战略，坏战略 2》的作者理查德·鲁梅尔特曾在法国枫丹白露的古老森林中居住。这里隐藏着一条著名的名为"狗屁股檐"的抱石攀岩路线，是全球顶尖攀岩高手的挑战之地，一块巨大的砂岩上，一段高约 3.6 米的平滑岩壁向外探出 1 米多的平檐，再往上是竖直的岩壁，直至岩顶。这条路线的难点在于需要攀岩者在离地两层楼高的地方，做出一系列精细且危险的连续动作。

　　一个夏日，两位攀岩者在此挑战。他们通过挂在高门框上做单手引体向上来练习。尽管他们都没有系辅助绳索，但在伙伴的照看下，他们尝试着攀登。他们成功地从狭小的立足点挪到一个小凹处，但都在试图通过仰角时滑落，掉入下方的沙堆。

　　攀岩者们将这种巨石称为"问题"，而最难的部分称为"症结"。要想征服"狗屁股檐"，不仅需要力量和雄心，还需要解开症结。后来，一位极具天赋的攀岩高手成功攀过"症结"。她以足尖发力，跳跃至一个微小的支撑点，摆动身体，利用右手手指和左腿之间的肌肉力量来支撑身体。她拱起背部，伸出左手够到一个凹处，然后悬空晃动身体，猛地向上荡起，跃过水平岩壁的边缘，最终成功登顶。

　　最后一位攀登者之所以能成功，不仅是因为她具备必要的力量，更是因为她识别了攀登过程中的症结，并用专注、技巧和勇气集中力量面对挑战，通过精准的定位和策略克服困难，达到目标。

战略技巧的核心也在于识别并解决关键问题或症结。在企业经营中，战略的出发点是识别并解决那些阻碍企业发展的关键卡点。这些卡点可能是运营效率低下、市场竞争、技术创新的阻碍，也可能是客户需求的变化。

好的战略不需要每年都进行大的变动。战略频繁变动往往表明企业没有真正解决关键问题，而是在不断尝试不同的方法，这可能会导致资源的浪费和员工的疲惫。制定有效的战略要求领导者具备深入理解企业运营和市场环境的能力，以便准确识别那些关键的卡点。这需要对企业的内部运作和外部市场有深刻的洞察力。

一旦识别出关键卡点，企业需要集中资源和注意力来解决这些问题。这意味着避免资源的分散和目标的多样化，将精力集中在最重要的事项上。真正有效的战略着眼于企业的长期发展和稳定，它不仅仅是为了短期的成功，更是为了建立一个能够持续适应市场变化和内部挑战的组织。

识别关键卡点并制定战略只是第一步，执行同样重要。这需要领导者的坚定承诺，以及团队的共同努力和执行力。虽然好的战略不需要频繁变动，但企业必须保持一定的适应性和灵活性，以应对不可预测的市场变化和新的挑战。战略制定和执行是一个持续的过程，需要定期评估结果，并从中学习，以便不断优化和调整战略。另外，企业的战略应该与其文化和价值观相一致，这有助于确保所有员工都理解并致力于实现战略目标。战略还应该包括对潜在风险的识别和管理，以保护企业免受意外事件的影响。

战略重生的关键是找准症结卡点

经过以上分析和对宝岛眼镜的案例分析，我们再来审视利用数智化破局重生的战略，会有不同的启示。所谓数智化战略，也就是通过**数智化方式来识别、思考和解决企业症结卡点的一系列过程**。一切战略都源自机会。企业发展过程中的症结卡点往往就是机会所在，辩证地看，机会的反面总有一个卡点。

在数智化时代，企业症结卡点的意义和内涵都发生了改变。一方面，企业身处更为复杂的局面，竞争格局发生改变，竞争者可能不是同行，而是意想不到的对手；另一方面，在数智化时代，我们有了全新的思考和解决症结卡点的措施，每个产业都可以重做一遍。

如何找到症结卡点并突破卡点，就是战略生成、解码、落地和复盘的全过程。我们可以借助想做、能做、可做的战略三环的思维和方法来识别症结卡点。正如战略管理思想家理查德·鲁梅尔特所说："制定战略时，不要从目标入手，而是针对症结性的难题，集中注意力解决难题。"找到症结卡点，对于企业发展至关重要。

五种常见症结卡点类型

在实践中，我们总结出常见的症结卡点有五类。

症结卡点一：商业模式缺共赢

该症结卡点是指一个商业模式在运作时，只有企业本身或某一方利益相关者获益，而忽视或牺牲了其他方的利益，没有实现利益相关者之间的互利互惠。这种模式可能导致合作伙伴关系恶化、客户满意度下降，甚至引起公众的负面看法，长期来看可能会损害企业的品牌声誉和市场地位。

例如二手房屋中介行业在很长一段时间内，其商业模式都存在很大的挑战，二手房本身是非标品，其定价受到位置、楼层、装修、房龄、面积等要素的影响，很难标准化，而买卖房者往往都是新手，一辈子也就买卖一次，中介从业者一方面对接卖房房东，一方面对接买房房客，在早期野蛮生长的商业环境下，经常会出现互相博弈的关系，中介会用假房源吸引客户，用低价格打压房东，从而两头获利，在损害多方利益的同时也让行业陷入泥潭。

随着贝壳网的出现，行业开始出现了转变，它通过构建一个跨中介品牌的资源共享平台，实现了不同品牌经纪人之间的协作与资源共享。这种模式促进了行业内的合作，提高了资源的利用效率，坚持"真信息、真价格、真体验、真服务"的四真原则，通过楼盘字典等技术手段确保房源和服务质量，还采用ACN（Agent Cooperate Network）模式，让经纪人在一笔交易中扮演不同的角色，并根据各自贡献进行佣金分成。这种模式促进了精细分工，提高了服务效率和质量，同时降低了内部恶性竞争，推动了良性竞合，从而带动商业模式的共赢可能。

症结卡点二：客户满意难闭环

许多企业做了很多提高消费者满意度的努力，也有很多亮点，但是不知为什么客户突然不再来了，不知道哪里得罪他了。这里的问题在于企业在设计服务流程或者处理客户反馈时，没有形成一个完整的可视化体系或者机制流程来确保客户每个阶段的反馈被有效收集和处理，没有对结果进行跟踪和确认，以确保客户的问题或不满得到彻底解决。这种情况下，客户可能感到他们的声音未被充分听取或问题未被有效解决，导致客户满意度降低，甚至失去客户。

例如儿童安全座椅行业，企业的服务对象分为购买者（家长）和使用者（儿童），行业发展受到三个因素的影响：人口出生率、汽车普及率以及法规执行力度，而这个品类遇到的卡点是品牌宣传难以沉淀在客户心智中成为品牌资产（广告需要精准且每年都要传递给新生儿家庭），这样的结果就是每年都在辛苦拉新客户，没有老客户复购，客户购买产品后很难追踪和了解客户是否满意，也就很难再让客户复购。

症结卡点三：业绩成长有瓶颈

该症结卡点是指企业对销售业绩的增长速度或增长量感到有瓶颈，每年都有增长，但行业天花板很低，成长有瓶颈。遇到这类卡点往往会让企业陷入安逸或躺平，从而错失了发展的机会。突破卡点的关键就在于是否能正视"差距"，差距是期望目标与实际业绩、市场机会的双重差异，差距会让企业感到不满意或不满足，而战略的源头就在于对自我的不满意或不满足，"差距"让我们重新思考该如何调整战略。这种情况可能需要企业重新审视和调整其目标客户、销售策略、市场定位、产品或服务质量等，以期提升销售业绩，实现增长目标。

例如阿里巴巴早期业务是 B2B 电商，和同行业竞争对手相比遥遥领先，每年都有自然增长，但是确实存在业务天花板（中小企业数量有限、B2B 会员服务价值不显著），于是阿里巴巴在原有业务基础上衍生出 C2C 的淘宝业务，通过 B2B 的现金流支撑，实现淘宝持续的免费服务，从而形成阿里生态的第二曲线崛起。业绩成长有瓶颈是很多行业的卡点，能否突破卡点取决于你如何突破自我认知，重新识别真正的差距，找到新的增长引擎。

症结卡点四：经营改善未到点

该症结卡点是指企业在经营改善的过程中，通常会尝试降低成本和提高效率，由于没有达到改善临界点，从而没有实现预期目标或显著效果。临界点是经济学原理的概念，代表着投入单位成本所带来的单位效益倒挂，通常体现在商业模式里的规模效应或网络效应还没有形成，处于以"烧钱失血"的方式来做改善的阶段。这可能意味着成本削减措施没有实现预期的节约效果，或者效率提升措施没有带来显著的业务流程或生产效率的改进。这种情况下，企业可能需要利用新的技术与工具（例如数智化），改变传统习惯的降本增效的策略和方法，通过流程的重构、工作环节的重新设计，寻找更有效的方式来减少开支和提升工作效率。

例如电商代运营服务行业的平面设计是非常重要的岗位，在传统电商时代促销频次高、周期长，需要的图片元素和内容素材丰富多样，于是就需要非常多的设计师开展工作，很多企业试图将设计流程解构、优化，通过分工来实现设计师高效工作，但是结果很难如愿，由于设计工作的复杂性和非标准化，每增加一个项目就必然增加相应的设计师，虽然单个设计师效率有所提升，但是整个公司的设计师队伍依然不断地扩大，从而总成本没有降低，这种物理层面的改善就没有达到临界点，也就无法真正有效。AIGC浪潮来临后，设计师的工作效率得到极大提升，原有的工作流程被重构颠覆，原本需要多人协同的设计方式被人机协作取代，从而改善真正意义地达到了临界点，每增加一个项目并不需要增加相应的设计师，从而使真正降本提效成为可能。

症结卡点五：个性标准难兼顾

通过个性化的服务能提高用户满意度，但容易出错；标准合规的操作流程更利于业务稳定输出，不容易出错，但产品或服务会缺乏个性化。在企业经营过程中要同时兼顾个性和标准非常困难。尤其在监管严格的行业，例如大健康、金融、食品、餐饮等行业，一时的疏失可能会造成企业的灭顶之灾，而不提供注重客户体验的个性化服务又会让自己丧失生意，要解决这种问题，可以考虑利用数智世界观与新兴技术帮忙重新设计工作流程、升维价值定位、建立双赢共识。

例如餐饮行业中的烤肉助烤服务，就是烤肉过程中非常需要个性化的服务，有的人希望烤得嫩一点，有的人希望烤得焦一点，而每种食材又有相应的标准烹饪方式，如何在千人千面的食客需求中提供个性化服务，并且保证食材的标准化口感以及遵循食品安全法规条例，成为一个非常大的卡点。

数智化可能给这类问题带来一种解题思路，我们所陪伴的一家企业就通过认证和培训强化标准化动作，用数智化工具记录顾客的用餐偏好、消费频次，从而针对不同的顾客形成若干种服务模式供其选择。底层的服务流程标准化，并符合食品安全法规条例，而呈现的服务模式又能够个性化，兼顾顾客的需求。更有意思的是，每个助烤师还被分配一个ID码，如果顾客觉得满意可以"打赏"他，也可以选择下一次就餐时专门选择这位助烤师服务（企业会给予员工额外奖励），从而通过顾客复购来形成对服务效果的追踪。

第 4 章
CHAPTER 4

战略聚焦
谋三年

第 4 章　战略聚焦：谋三年

战略聚焦：可做、能做和想做的交集

在前面的章节中已经介绍了可做、能做和想做的定义和内涵，如何形成最终的战略聚焦，就需要我们将这三个圈的交集识别出来（见图 4-1）。

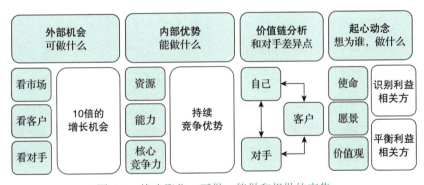

图 4-1　战略聚焦：可做、能做和想做的交集

可做，是外部视角，主要通过三看分析来识别 10 倍的增长机会，这个机会通常由市场趋势、行业对手和客户需求三个方面汇总而成，这些机会的识别可能会带来很多选择，需要结合能做、想做进一步聚焦。

能做，是内部视角，主要是透过资源、能力和核心竞争力（优势）的识别来动态地评估自身的能做范畴。可做的机会千万种，最终能否接得住取决于自己的能力。在能做的选择过程中，还需要思考和对手的差异化，通常在价值链上我们有不同的选择，可以通过独特价值的提炼和打造，来形成差异化的优势，再进行可做和能做的聚焦。

可做和能做两者聚焦后，依然可能存在很多种选择，这个时候就需要我们从起心动念的想做出发去做减法，可以从使命愿景的角度来选择最终的事业，也可以从价值观来反向选择哪些不应该触碰，还可以从关键利益相关方的视角来做取舍。

真正的战略犹如针尖上的舞蹈，最终不会有那么多的选项，可做、能做和想做三个环的交集就是"该做"的战略！

业务该做：WHO-WHAT-HOW-WHICH

战略定位的"该做"常是公司五到十年的规划愿景，需要由一个三年内能够完成的业务创新或者打磨出的一个可复制的创新模板来帮助十年战略的具象化落地，并且为全公司带来信心与指引。

我们向大家介绍一种实用的实现"业务该做"落地的工具（WHO-WHAT-HOW-WHICH，简称 3W1H，见图 4-2），有助于团队有效地创想和执行战略决策。

- WHO：我们的创新业务的目标客户是谁？客户有哪些分层和分类？第一客户是谁？
- WHAT：我们的目标客群的需求和痛点是什么？我们提供什么样的独特的客户价值？
- HOW：我们通过什么方式来满足客户需求，创造客户价值？我们是否有什么独特且不可被模仿的做法？
- WHICH：我们选择在哪个客户场景切入去满足客户需求？

```
   WHO              WHAT              HOW
  客户/用户      客户需求/痛点是什么   通过什么方式
   是谁         提供什么独特价值     差异化满足

                   WHICH
              选择聚焦哪个客户场景/触点
                  切入和引爆
```

图 4-2　战略设计：聚焦该做

WHO：谁是我们的客户 / 用户

首先要明确"WHO"，即确定我们在完成重生战略定位的前三年应该聚焦启动的目标客户是谁。这个问题表面上看似简单，实则蕴含深度挑战。若未能明确客户身份，企业便难以展开进一步的战略落地规划。这里要强调的是，客户与用户并不完全相同。**客户是产品或服务的购买决策者**，这个群体可能呈现多层次的购买行为，涵盖经销商、批发商、零售商等不同级别；**而用户则是最终使用这些产品或服务的人**。

我们可以通过以下分析（见图 4-3），列举所有客户和用户，通过可视化筛选，实现最优化的选择。例如根据市场类型，客户可以被分为消费品市场的 C 端客户与工业品市场的 B 端客户。无论采用哪种分类方式，关键在于我们需要明确界定，以便做出精准的决策。

在服务 B 端客户时，我们要先分析决策者的画像与需求，决策者可能是采购经理、分管领导，还有可能是企业老板；然后分析他们的工作特性、工作任务、需求痛点。我们以快消品行业的经销商为例，通常经销商所属的企业规模在 50 人以内，会有老板、操盘手（通常是职业经理人）、采购经理（通常是老板的直系亲属）三个岗位来开展工作，假设我们要卖给经销商一套财务 ERP 软件，可以进行的决策者画像与需求分析如表 4-1 所示。

表 4-1　决策者画像与需求分析

客户分类	工作特性	工作任务	需求痛点
采购经理	以砍价为主重视性价比	收集供应商信息开展商务谈判沟通	不清楚业务实际需要 不了解专业技术区别
操盘手	以实用为主重视效果和功能	提出业务需求验收软件效果	担心采购经理只关注价格忽略业务真实需要
老板	既要效果好也要性价比	和操盘手共同经营借助 ERP 辅助决策	担心采购过程不透明害怕花钱没效果

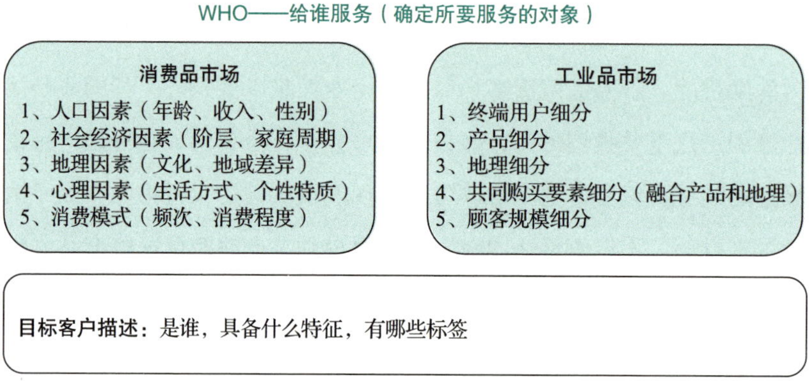

WHO——给谁服务（确定所要服务的对象）

消费品市场
1、人口因素（年龄、收入、性别）
2、社会经济因素（阶层、家庭周期）
3、地理因素（文化、地域差异）
4、心理因素（生活方式、个性特质）
5、消费模式（频次、消费程度）

工业品市场
1、终端用户细分
2、产品细分
3、地理细分
4、共同购买要素细分（融合产品和地理）
5、顾客规模细分

目标客户描述：是谁，具备什么特征，有哪些标签

图 4-3　"WHO"目标用户分析

接下来要思考的是，我们的产品和服务如何解决他们的需求痛点，帮助他们达到任务目标并使他们所在的公司实现更好的发展。针对采购经理，我们需要提供通俗易懂的软件应用示范（视频），并且适当给予连续采买的价格折扣；针对操盘手，我们可以带他们去样板客户处参观交流，并围绕业务痛点提供定制化开发的增值服务；针对老板，我们可以邀请他与操盘手一起参观样板客户，建议他用招投标形式开展采购，积极展现自身合规经营的文化。

针对 B 端客户也可以用 B 端客户画像来进行分析（见图 4-4），表格中不同的行业客户，通过相应的标签来进行分析后，针对重要的行业客户进行排序。

WHO–B端客户标签和分类–客户画像

客户标签	标签说明	政务	医疗	教育	零售	工业	金融
采购频次							
采购金额							
采购用途							
采购阶段							
采购决策周期							
客户类别（示范）							

我们选择的客户画像排序：_____。

图 4-4　客户（B 端）的画像分析

在分析 C 端客户或用户时，采用定义标签来尽可能对群体进行细化是一种有效策略。尽管我们已识别出购买者为我们的用户，但用户群内部仍存在更细致的分层（见图 4-5）。通过持续细分，我们能识别出最关键的客户和场景。这种方法的优势在于，它不仅帮助我们明确选择的基础，也促进了彼此对这一基础的理解。

具体而言，寻找客户的思路有很多，包括分析客户的内在属性（性别、年龄、信仰、爱好、收入等）与外在属性（地域分布、产品拥有、组织归属等）；区分经济实力，即通过客户收入、消费水平、大额产品购买历史等来评估客户的购买能力；追溯消费历史，即通过分析客户的消费历史（购买过的产品、消费频率等）来推断客户未来可能的购买行为；锁定消费动机，即通过分析客户的消费历史、关注焦点、互联网购物评价等来了解客户需求和原始购买动机；关注客户行为轨迹，即通过关键形容词找到客户的行为轨迹，洞察潜在客户的核心诉求，锁定目标客户人群；进行市场细分，可运用帕累托原则（20%的重点客户常常占据80%的消费数额）等来识别最容易产生效益的客户群体。

WHO–C端客户标签和分类–客户画像

客户标签	标签说明	客户分类1	客户分类2	客户分类3	客户分类4
年龄标签	18岁以内、18～30岁 30～40岁、40～50岁 50岁以上				
区域标签	一线、二线 三线、四线				
家庭标签	单身、已婚 一孩、二孩				
收入标签	5k以内、5k～10k 10k～20k、20k～30k				
性别标签	男、女				
时间标签	闲暇时间大于2小时/天 闲暇时间大于4小时/天 闲暇时间大于6小时/天				
客户画像简称（示范）		城市宝妈	小镇富姐	Z时代后浪	二胎家庭

我们选择的客户画像排序：_____。

图 4-5　客户（C 端）的画像分析

WHAT：他们的痛点和需求是什么

接下来，我们要确定"WHAT"，即明确客户需要什么，他们的痛点是什么，我们能提供何种价值来满足这些需求。很多人并不能分清楚"需求"和"痛点"，需求主要关注消费者想要的是什么，而痛点则聚焦于消费者在使用现有解决方案时遇到的问题（见图4-6）。需求既可以是显性的（消费者能够明确识别并表达的需求），也可以是隐性的（消费者可能还未完全意识到的潜在需求）。需求揭示了市场上的机会，企业通过满足这些需求来创造价值，吸引并留住客户。痛点则更为具体，指消费者在使用产品或享受服务时遇到的明确问题、挑战或不便，痛点暴露了现有解决方案的不足，反映了消费者在特定情境下的挫折和困扰。准确识别并解决这些痛点是提升产品或服务吸引力及市场竞争力的关键所在。

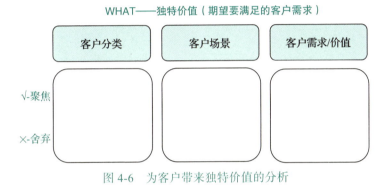

图 4-6 为客户带来独特价值的分析

HOW：如何满足差异化的需求

在明确了需求和价值后，下一步就是思考如何满足客户需求和创造客户价值，即"HOW"。在创造客户价值的过程中，我们需要深入探讨几个核心问题：客户为什么选择我们？我们凭借什么能力满足这些需求？这要求我们回归基础，审视自身的核心竞争力，以及这些竞争力如何满足客户的需求（见图 4-7）。此外，我们还需考虑如何在创造客户价值的同时获得应有的回报，即如何实现价值创造与价值获取的平衡。如果我们仅专注于创造客户价值而忽略差异化，最终可能会陷入极端内卷的价格战和利润微薄的红海市场。因此，确保我们的价值提供方式既能让客户的需求得到满足，痛点得到解决，又能保证可持续发展、不可被模仿追赶，是策略中不可忽视的一环。

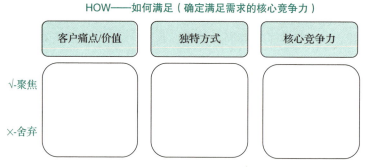

图 4-7 满足客户需求的独特方式的分析

在数智化时代,"HOW"更侧重于**思考如何构建数智化的优势,探讨是否能通过数智化手段和工具来满足客户需求**。一方面,数智化工具能够为我们带来竞争优势;另一方面,数智化的最大好处在于其固有的飞轮效应——得益于数智化的特性,它能够持续学习、迭代和自我优化,从而形成不断增长的动能。

在识别客户需求和痛点之后,我们需要采用独特的方式满足客户需求、解决客户痛点,这背后依赖于我们现有的或计划建立的核心竞争力。通过使用工具进行有共识的识别和筛选,我们同时需要进行取舍——并非所有痛点都需要我们去解决,解决方法也有多种选择。关键是,我们要决定是**依托当前的能力还是未来潜在的能力进行进一步的行动选择**。

案例:菜鸟驿站新神器"智能灯条"

接下来我们用一个小案例,将 WHO-WHAT-HOW 串联起来,帮助大家更好地理解如何识别客户和用户,以及找到需求和痛点后,如何通过数智化创新方式来满足需求。

第 4 章 战略聚焦：谋三年

菜鸟驿站是电商物流服务的末端环节，其传统的运作方式是：驿站站长（加盟商）扫描面单，生成位置信息（柜子数 – 层架数 – 四位数字），将快递准确放置在对应的位置。然而，在快递数量急剧增加的大促期间，扫描摆放的工作量就会成为痛点，严重影响了消费者的取件时效。要找到自己的快递，消费者（电商顾客）需要到对应的柜子处，当快递包裹较多时，拿取会异常麻烦。面对驿站站长和顾客的痛点，菜鸟驿站求助于数字化的新工具——"智能灯条"设备（见图 4-8）。

图 4-8　菜鸟驿站的智能灯条

注：绿色方框为智能灯条提示器。
图片来源：阜阳新闻网。

这个设备通过物联网技术连接巴枪、高拍仪等设备，能够在站点后台实时显示入库、出库灯条数量。有了这个工具，站长不用再重复此前的扫描和摆放动作，只需将包裹分类存放在对应的空间，且不用考虑位置是否精确；通过将所有灯条纳入库存管理，极大地改善了驿站滞留件的管理和驿站运营。更重要的是，进行数字化改造后，用户到站取件时，只需扫描一次，对应的快递就会自动亮灯发声，极大地提升了取件效率。此外，鉴于这项操作简单易懂，即使是新手，也能快速上手，驿站可以在物流高峰期招聘兼职人员，从而确保站点的稳定运营。

以上虽然只是对末端体验的改进，却收到了意想不到的效果，不仅减少了驿站站长的工作量，让其有更多时间去处理疑难问题，提高其工作幸福感；而且改善了消费者的体验，提升了消费者对阿里系电商平台的黏性和好感。

有好奇心的读者可能会问，这个小神器的成本是多少？会不会有丢失的风险？会不会增加驿站的经营成本？我们在现场调研中发现，智能灯条规模化后的成本不高，同时具有可复用的特点，并不会对驿站日常经营的成本造成太大影响。[一]智能灯条自身有定位功能，顾客误拿后基本可以找回，智能灯条还可以亮灯鸣叫提醒顾客送回。

WHICH：从哪里切入和引爆最合适

在"智能灯条"的案例中，我们可以发现菜鸟驿站使用智能灯条这一数智化工具，一方面解决了驿站小老板（B端客户）的痛点，另一方面也解决了电商消费者（C端用户）的痛点，但在实战过程中，如何选择某个场景去解决症结卡点，很多时候会让团队陷入纠结和争论，所以在思考WHO-WHAT-HOW的过程中，我们还得思考WHICH，即到底从哪里切入和引爆最适合当下的能做、可做的交集，可以"四两拨千斤"地满足多方的需求和解决痛点。

"WHICH"，即我们应该选择哪种客户场景进行切入。在WHO-

[一] 《快递自动亮灯发声，上海菜鸟驿站取件迎来新"神器"》(新民晚报)。

WHAT-HOW 的思考框架中，客户场景是一个至关重要的连接点。所谓场景，指的是客户在特定时间、地点，面对特定契机时需要完成的具体任务的详细描述。场景的明确引入是战略聚焦和纵横贯通的核心要素，它是 WHO-WHAT-HOW 三者交汇的焦点。场景本身多种多样，我们建议首先详尽地描述所有可能的场景，随后根据关键维度进行量化评分。这种量化的优势在于，它使我们能够在同一维度上进行有效沟通，为决策的优化和精准提供了可能。

场景的具体选择有两种方法，一种是客户场景法。通过这种方法，我们以客户所处的具体场景为研究焦点，将 WHO-WHAT-HOW 融合为不同的场景，并对每个场景的价值进行评估，评分的维度主要包括需求的强度、发生频次以及客户的感知程度。采用客户场景法时，我们将对场景进行优先级排序，以识别最具潜力的切入点、引爆点和盈利点。（见图 4-9）

客户场景法 切入点、引爆点、盈利点

场景分类	场景1	场景2	场景3	场景4	场景5
需求刚性					
痛点感知					
频次多少					
现有优势					
获利可能性					
战略延伸性					
场景价值总分					

场景切入点的选择：_____。

图 4-9　客户场景分析

另一种是客户旅程法，其核心在于将客户的整个消费体验旅程

细分为若干关键触点。这种方法特别关注细节层面的体验，非常适用于服务型行业，不仅适合面向消费者的 C 端业务，对于面向企业的 B 端业务同样具有参考价值。这种方法的关键在于识别旅程中的关键触点，并对这些触点上的体验和感受进行评分，从而发现潜在的痛点。我们的目标不仅仅是解决痛点，更重要的是，要找到作为杠杆的点——即**能够最大化整个旅程效用的关键点**。在这一思考过程中，**构建差异化优势就是在不同的价值点上进行选择，并在满足客户需求的同时创造难忘的记忆点**。过去我们的决策可能过于主观，而现在，数智化时代使这一过程变得更加客观，越来越多的数据和智能工具可以支撑我们的决策过程。

案例：银行业塑造卓越的客户体验

客户场景法和客户旅程法是相互联系和紧密衔接的，在商业实战中，第一步可以用客户场景法列出所属企业的各种业务场景，进行重要性优先级排序后，聚集于若干个重要场景开展深度分析；第二步借助客户旅程法，通过集体共创将该场景的用户行为互动的触点列出，最终达成共识，开展相应的业务切入。

为了让大家更好地理解两种方法的使用，我们以银行业为例来进行阐释。由于行业自身的特殊性，银行需要兼顾金融监管和普惠服务的双重属性，一方面需要给企业客户和个人用户提供全方位服务（强调服务体验），另一方面需要履行好风险控制和金融监管的职能（强调风控合规），在使用两种方法的过程中容易产生矛盾，很难兼顾两种属性。银行业设想过识别不同风险人群，并提供"千人千面"式的差异化服务，通过业务数智化、运营数智化、风控数智化的建设解决以上两难的痛点。某国有大型银行就在训战营实战中，学习借助客户场景法和客户旅程法开展症结卡点的识别与解决策略的共创，进行流程数智化升级的探索和验证。研讨设计时，他们主要围绕零售银行业务（个人业务）、商业银行业务（对公业务）两大业务场景开展共创，同时还在教练提示下，借鉴KPMG发布的方法论，根据不同的业务条线、渠道和客户/客群特征，涵盖售前咨询、新客入门、购买产品、使用服务、解决问题等整个端到端客户旅程，分层分类建立客户旅程全景分析模型，从客户视角出发，跳出单一触点思维，勾勒出覆盖客户接触产品前、中、后的全周期旅程地图（见图4-10）。

接着银行团队根据客户价值的体验感知和业务开展的难易程度，选择了其中的一个业务场景进行分析。最终，他们认为企业对公业务中开户的旅程场景卡顿尤为明显，主要原因是对公业务涉及线上、线下多个业务节点，金融监管和风控的属性极强，服务过程中客户体验有很多不足之处。为了更好地提升体验，他们继续补上"KPMG客户体验六大支柱模型"[一]（见图4-11），在个性化、信任感、客户预期、解决问题、时间和精力，以及同理心等关键要素上进行探讨与反思，利用"加、减、除、创"的规划，针对性地去调整现有业务流程相应节点的服务设计，并部署数智化工具（智能终端、手机银行、管理系统等）来改善客户体验，然后把最佳实践经验传承到各省市分行、支行，务求同时兼顾服务体验和风险管控。

[一] 【未来银行】银行数字化运营转型三：塑造客户旅程的卓越体验，毕马威中国，2021年。

数智
重生

□ 客户旅程诊断方法：采用KPMG流程分类法抽象旅程环节，银行常见的一级客户旅程和二级客户旅程

	售前/咨询		新客入门	购买产品	使用服务	解决问题
	❶网点服务流程	❷客户需求与商机				
个人账户	❶产品与业务咨询		❸个人基础账户开立 个人二类账户开立	❼开立外币账户 ❽外汇买卖	⑪现金存取 ⑫支付结算 ⑬信息维护	㉒查询 ㉓投诉与反馈
财富管理				❾开立定期/存单购买国债 ❿购买理财/保险/信托基金	⑭分红及赎回 ⑮理财转让	
信用卡			❹信用卡申请与激活		⑯刷卡消费 ⑰额度调整 ⑱权益使用	
个贷			❸个人基础账户开立	❺贷款申请 ❻贷款放款	⑲账单管理 ⑳还款催收 ⑱信息维护	
企业账户			㉔企业基础账户开立 企业临时/一般/专用账户开立	㉒存款产品购买 ㉓理财产品购买 ㉔存单购买	⑳还款 ⑲账单管理	
企业贷款			㉔企业基础账户开立	㉕企业贷款申请 ㉖企业贷款放款	⑪现金存取 ⑫支付结算 ⑬信息维护	
					⑲账单管理 ⑳还款催收 ㉑还款	

图4-10 KPMG塑造客户旅程卓越体验的客户旅程全景图

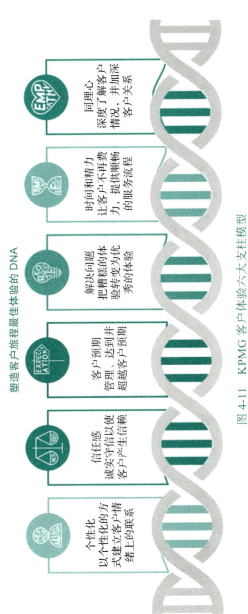

图 4-11 KPMG 客户体验六大支柱模型

实战案例解析

宝岛眼镜：战略聚焦与创新业务设计

战略定位的转型是宏图大愿，如何让它落地？面对多样化的客户群体和业务环节，以及营销、生产、运营和管理的不同场景，究竟"该做"什么？如何找到战略共识，然后让全公司合力进行业务创新打造？

我们利用"3W1H"的工具对宝岛眼镜的案例进行进一步解析，让大家更清楚地了解，宝岛眼镜如何从三看一瞧中找到了10倍的增长机会，如何通过战略聚焦的3W1H来解决行业的关键痛点，最终找到"视健康管理解决方案"战略落地的切入点，全员聚焦打磨一个创新业务，帮助实现从Eyewear到Eyecare战略的执行。

WHO：聚焦青少年近视场景发展解决方案

首先，企业列举出可以聚焦的目标人群，例如青少年、中青年、老年人等，以及评估的标准，例如需求刚性、消费频次、市场大小、与能力的匹配度、获利可能性等。然后全员针对每个客群的选择按评估标准进行打分（见图4-12），最后将分数纵向加总，选择得分最高的客群进行聚焦，能够得到最大的成功可能性。

经过分析发现，青少年人群的得分特别突出。中国近视人口比例逐渐攀升，特别是青少年近视率居高不下，卫健委调查显示，2020年中国儿童青少年总体近视率为52.7%，初中生近视率跃升至71.1%，高中生更是达到八成以上。⊖国家高度重视儿童青少年视觉健康，持续推行相关防控政策，国家卫健委2022年初发布的《"十四五"全国眼

⊖ 《国家卫健委：2020年中国儿童青少年总体近视率为52.7%》（中国新闻网）。

健康规划（2021-2025 年）》提出，到 2025 年力争实现 0～6 岁儿童每年眼保健和视力检查覆盖率达到 90% 以上。儿童青少年眼健康管理的需求很大，成为眼镜行业的一个重要和迅速增长的细分市场。

WHO：视健康管理创新业务的客户群定位

价值分类	1.青少年	2.中青年	3.老年人	4.特殊运动人群
需求刚性				
痛点感知				
频次多少				
现有优势				
获利可能性				
战略延伸性				
人群总分				

客户群定位的选择：_____。

图 4-12　宝岛眼镜创新业务的客户群定位分析

如果为青少年提供高质量的眼健康及近视监控服务，宝岛眼镜就可以在过程中与他们建立高频次的互动，并且随着这些青少年长大成人，他们可能会继续选择宝岛眼镜，从而成为忠诚客户。在青少年眼镜的购买过程中，家长通常是重要的决策者和费用支付者，防止自己孩子的近视度数增长是许多父母的刚需。因此，**宝岛眼镜在发展视健康解决方案服务的转型过程中，经过集体讨论与判断，将青少年及其父母确定为初期的目标客户群体**。

WHAT：深刻洞察需求，消费者愿意为不戴眼镜花更多的钱

与过去专注于卖出更多眼镜进行消极性的近视矫正不同，宝岛眼镜通过对市场需求进行深刻洞察，发现防范青少年近视度数增长已经成

为家长的刚需，只要有效果，他们甚至愿意付出几万元（例如购买OK镜）。家长的诉求不再只是给孩子配一副眼镜，而是需要一位专业、有耐心的视光师，每季度进行专门的屈光检测、眼底照相等检查，提供回诊陪伴服务，并通过数字化追踪分析近视轨迹，与家长及学校老师合作进行小孩阅读行为的矫正。这个需求让宝岛眼镜看到了机会，基于此，**宝岛眼镜开发了"青少年近视管控"新业务**（见图4-13）。

WHAT：青少年视健康管理的价值主张				
价值分类	1.近视预防	2.近视管控	3.视力训练	4.特殊康复
需求刚性				
痛点感知				
频次多少				
现有优势				
获利可能性				
战略延伸性				
价值总分				

价值主张的选择：_____。

图4-13　针对青少年视健康管理的价值主张分析

HOW：通过AI+app做更好的全链路、全旅程的人、货、场运营

为了能够达到客户每年近视度数增长不超过25度的实际效果，企业除了要能够提供专业的视光服务，还配备了新兴的眼视光扫描专业设备，搭配云端的智能图像识别技术及秒级产生诊断报告，甚至通过眼镜加装物联网模块进行时时用眼行为跟踪，数智化技术为宝岛眼镜帮助消费者管理好眼睛健康提供了条件。

借助眼底照相机、自动多功能综合检眼仪、数字裂隙灯等专业化

设备，宝岛眼镜推出面向儿童青少年的360度近视防控视力保障计划，包括前期筛查、精准验配、档案留存、复查追踪、行为干预和提供护眼周边产品等专业视健康服务。宝岛眼镜在其多家试点门店开展"AI人工智能2分钟看透健康"的服务，采用眼底相机XAI识别算法、筛查眼底视网膜、血管、视盘、黄斑区，进行30多种健康风险评估，并将检验报告传到消费者手机，全程只需两分钟。

在整个供应链和顾客旅程中，宝岛眼镜对人、货、场进行了全面管理和优化，对线下门店的组织和流程进行重塑，通过线上线下融合，不但没有因为数智化让员工下岗，还透过数智业务的创新让导购员、验光师和店长发挥更大的价值，让全体员工有意识、有能力运营用户、陪伴用户的全生命周期，使线上和线下合力发挥数智化整体战略的价值。除了对员工认知、能力和行为的转变全面关注之外，宝岛眼镜还将员工的升级和用户的全服务旅程联系起来，塑造以消费者需求为中心的公司文化，将"对服务提供者(运营人员)的要求和激励"与"售前、成交、售后等一切店内和离店的消费者需求"结合起来，全面激活员工投入用户运营，以匹配数智化战略和组织结构升级。

WHICH：激活门店验光师与家长协作，提高服务与沟通频次，延伸管理边界

在客户场景的选择上，宝岛眼镜通过把门店验光师与家长的协作激活，线上线下结合，提高服务频次，延伸管理边界。

青少年近视度数上涨快，为了提升客户视健康管理的效果及服务体验，帮助家长更好地理解和关注孩子的视力健康，从而提升整体的管控效果与顾客在服务旅程中的满意度，宝岛眼镜不仅在配镜时提供360度完整检查，还和家长约定后续每三个月一次的复查计划，并通

过企业微信小程序了解小孩用眼行为、分析诊断报告、定期提醒家长复查，日常生活中也随时与家长沟通护眼知识，解答困惑。

通过培训和激励措施，宝岛眼镜提升门店验光师的专业技能和服务意识，使其能够更主动地为顾客提供专业咨询和服务；保持与家长甚至学校老师的合作，调整青少年和儿童在家、在学校的阅读与用眼习惯，提供个性化的视力保护方案和建议；通过定期的视力检查、健康讲座等活动，增加与顾客的互动频次，及时发现和解决视力问题；不仅限于传统的验光和配镜服务，还通过教育和宣传等方式，延伸到视力健康管理和预防近视的领域。

总而言之，宝岛眼镜利用了时代技术机会与消费者需求洞察，发展视健康管理新业务，让各门店优秀验光师提高能力、增加收入，带来消费者黏性与真正客户价值的提升。这个数智化战略针对行业症结卡点，在不放弃传统优势如广布的门店及优秀验光师的情况下，发展第二曲线业务提升附加价值。青少年近视管控方案的初步成功给全公司带来信心后，宝岛眼镜面向未来，继续围绕"3W1H"开创聚焦成年人的视健康管理新业务。

阿斯利康：以全病程诊疗一体化服务推动社会创新

宝岛眼镜的案例让我们看到了成功的数智化转型商业创新（包括产品、服务、技术和商业模式的整体业务创新）。接下来，我们继续通过阿斯利康在中国利用数智化转型推动生态圈创新的案例，来分析企业如果着眼于社会的大问题，如何通过商业、机制与技术的细分场景规划设计实现社会价值与商业价值的兼容。

阿斯利康是一家以创新为驱动的全球性生物制药企业，专注于研发、生产和销售处方类药品，重点关注癌症、心血管、糖尿病及代谢和呼吸/炎症/自体免疫等领域，其业务遍布全球100多个国家，药物惠及全球数百万名患者。为了解决未被满足的医疗需求，企业每年用于研发创新药物的投入高达40亿美元以上。

阿斯利康投资（中国）有限公司（AZ-China）的总部位于上海，在中国雇用超过8000名员工，业务重点主要集中在患者需要的6个治疗领域：心血管、糖尿病及代谢、肿瘤及中枢神经、消化、呼吸、麻醉。

2013年，英国药企葛兰素史克（GSK）因医药代表行贿受贿案被查，翌年被开出高达30亿元的中国医药反腐史上的最大罚单。这一事件为医药行业从业者敲响了警钟，多年以来行业惯用的医药代表服务销售方式受到严格监管，这也促使阿斯利康深刻反思并采取应变行动。作为回应，阿斯利康提出了一个全新的战略定位——以患者为中心的诊疗一体化解决方案，旨在将企业资源投放的焦点从纯粹的医生端转向兼顾患者的福祉，让生态利益更加平衡。该方案的核心在于将患者的健康旅程管理作为所有决策和行动的出发点。阿斯利康认识到，要解决这些问题，不能单靠一家公司的力量，而需要整个医疗生态系统的协同合作。因此，阿斯利康积极邀请医疗生态圈中的所有利益相关者，包括医疗机构、科研院所、政府部门、保险公司以及患者组织，让它们共同参与解决方案的开发和实施。它不只是一个短期的应急措施，更是针对行业的症结卡点进行长期战略的调整，最终带来企业与行业的重生。

2013年3月，王磊加入AZ-China，担任消化、呼吸和麻醉业务部副总裁。刚上任不久便遇到行业大变局，他认真分析后，开始推动大健康行业生态创新，系统地、有节奏地与各界伙伴合作，于2014年提出共创"以患者为中心的诊疗一体化解决方案"，为例如内分泌疾病、哮喘、心血管疾病、癌症患者提供诊前、诊中、诊后全病程管理服务。

为实现"以患者为中心的诊疗一体化解决方案"这一宏伟的愿景，

王磊团队决定聚焦于其担任副总裁的呼吸系统疾病领域。这一决策主要基于对呼吸系统疾病严峻发展趋势的认识，以及阿斯利康在该疾病治疗领域所具有的药物研发优势。在中国医疗市场，呼吸系统疾病治疗领域一直是 AZ-China 的专长和优势所在，其产品线涵盖了慢性阻塞性肺疾病（COPD）、哮喘、肺癌等多个细分市场，在哮喘治疗领域具有显著的竞争优势。

哮喘是慢性呼吸系统疾病中常见的一种，其特点是病程漫长、易于反复发作且控制难度较大，往往伴随喘息、气短、胸闷和咳嗽等症状，严重影响患者的生活质量。对于哮喘的控制和治疗，关键在于早期介入和持续管理。研究结果显示，中国 20 岁及以上人群中哮喘患者总数达 4570 万，且哮喘患者诊断率、治疗率均极低，与全球 50%～60% 的控制率相比，我国的哮喘控制率仅为 28.5%。尤其支气管哮喘是儿童时期最常见的慢性呼吸道疾病，0～14 岁城市儿童哮喘患病率达 3.02%，但有约 30% 的城市儿童哮喘患者未能得到及时诊断。

吸入疗法在儿童哮喘的管理中起着重要的作用，雾化吸入疗法因其具有主动持续释雾、可多药合用和使用时对患者的配合度要求低等特点，更适用于儿童（WHO）。但是，雾化器设备曾只在大城市的三甲医院可以购买，很多县城的患者并不容易接触到这种治疗方法。此外，很多现有的雾化诊疗室也面临雾化效果不佳的问题。雾化吸入单次治疗的时间一般在 20～30 分钟，但是儿童因为存在注意力比较容易分散和贪玩等特点，一般很难坚持在治疗时间内安静地接受治疗，需要在医务人员和陪护家长的持续帮助和督促下完成雾化吸入治疗，这样不仅给医务人员和家长带来很大的不便，造成许多哭闹与争吵，还大大降低了雾化吸入治疗的效果（WHAT）。

王磊回忆小时候哮喘病发时，母亲在深夜里抱着他坐两个小时的公共汽车到大医院去治疗，就医过程颇为辗转，让他印象深刻。此后在上海工作期间，他也目睹了来自外地的儿童因哮喘急性发作而遭遇的困境。亲身经历和所见让他意识到，从患者的角度考虑，在居所附近有能提供最专业治疗的雾化治疗室很有必要。

在具体的解决途径上，阿斯利康团队使用"数字化＋设备＋诊断＋药"的组合（HOW），这一创新的多元整合模式，旨在通过高度融合数字化技术、诊断服务和医疗设备，提升医疗服务的效率和质量，同时促进患者健康管理的全面性和连续性。这一战略在儿童雾化中心的案例中得到很好的运用。阿斯利康携手合作伙伴一起打磨、推动雾化中心建设。儿童雾化中心配有先进的3.0版智能雾化系统，每个雾化治疗座位配备的小屏幕上还可根据患儿年龄段播放动画片，让患儿玩有趣的游戏等，使得患者能专心地完成整个疗程。在合作伙伴的支持下，短短的4～5年间，全国下沉城市建成1万多个雾化室（WHICH），配备十几万台雾化泵，也带动病患的平等与普惠医疗，导正行业原来只注重服务医生而忽略病患的偏误，帮助解决看病难、看病贵的痛点，最终实现AZ-China及生态伙伴的药品与设备的商业增长。"药＋雾化器＋物联网"模式的成功，为数智时代利用技术进行大规模的解决方案创新建立样板，让公司上下对于这个以患者为中心的诊疗一体化创新充满信心。

阿斯利康另一个激发社会共同创新的项目是国家标准化代谢性疾病管理中心（MMC）。

伴随中国经济的快速发展、居民饮食以及生活习惯的变化，全国范围内代谢异常性疾病发病率呈攀升态势。有数据显示，中国糖尿病患病人口超1亿，患病率超10%；成年人高血压患病人口约2.45亿，患病率高达27.9%。糖尿病患者往往有心脑血管、神经病变等多种并发症，需要多次挂号，往返于不同科室之间进行诊断和治疗，医患双

数智
重生

方都存在较重负担（WHO）。

2016年，在中国工程院院士、上海交通大学医学院附属瑞金医院院长宁光的倡导下，阿斯利康支持上海市医药卫生发展基金会打造国家标准化代谢性疾病管理中心（MMC），推动代谢性疾病及其并发症的早期诊断、预防及治疗的全程管理（WHAT），该项目同时获得了欧姆龙、智众医疗等企业的大力支持。

MMC以"一个中心、一站服务、一个标准"为理念，通过人工智能、物联网、大数据等新技术，同时连接起医院、社区和家庭这事关糖尿病管理的三个重要场景，推行标准化、一站式解决方案。患者在MMC就能解决糖尿病管理的所有相关问题，告别以往在多科室、多楼层"折返跑"的困扰。

具体而言，一站式代谢病管理中心配备了完整的诊疗设备，通过物联网技术，形成多场景综合管理工具，借助云端打通院内、院外，实现代谢疾病多角色全病程个体化的精准随访和管理。在院内，通过至简的诊疗流程，医生工作更加便捷，患者诊疗流程更加高效。患者从领取MMC的ID，到进行血糖检测，到进行眼底检查、内脏脂肪检测、动脉硬化检测等一系列检查，到医生给予确诊处方，MMC把所需流程在院内连接到一起，在整个流程中运用包括AI在内的众多领先技术，大幅缩短了医生的信息采集时间。在院外，透过网上社区，患者可以通过个人自测、互联网医院的医患沟通、AI智能随访的复诊提醒等方式，全方位地进行疾病管理（HOW）。

截至2023年，AZ-China已联合生态伙伴打造了16个病种的创新解决方案，落地6000家医院，服务千万名患者，这说明运用3W1H的行动框架可以在一个企业内打磨可复制的创新业务，也可以联合生态伙伴一起进行有纪律的数智化创新。

第 5 章
CHAPTER 5

精益迭代 PMF

数智创新迭代方法

精益迭代：数智化战略的迭代艺术

企业的数智化转型和升级在众多行业中仍是一片新兴的探索领域，尚未形成一条可以简单复制的广为通用的成功之路。因此，在推进数智化创新的进程中，企业不妨借鉴精益创业（Lean Startup）的方法论，采纳从无到有的探索心态，迅速进行试错，并在此基础上不断迭代和创新。

"精益"（Lean）的理念源自制造业，可追溯至20世纪。当时被誉为科学管理之父的弗雷德里克·泰勒（Frederick Taylor）首次引入了科学管理的概念。泰勒通过对生产流程进行合理规划，以及对生产工具和作业流程进行标准化设计，极大提升了工厂的生产效率。在泰勒的科学管理思想之上，吉尔布雷斯夫妇进一步深化了对生产线操作人员的研究，引入了时间研究和动作分析的方法，帮助不断改善与迭代，这些研究和方法共同奠定了现代工业工程学科的基础。

"精益创业"是一种全新的商业模式开发与产品开发方法论，由硅谷创业者埃里克·莱斯（Eric Ries）在《精益创业》一书中首次提出。在多个美国初创企业工作后，莱斯深刻认识到，创业本质上是在高度不确定性的环境中进行产品或服务的创新。基于此，他强调"验证性学习"的重要性，建议企业首先推出功能最基础的产品原型，进而通过持续的试验和学习过程，在最小化成本的同时，有效地验证产品是否满足用户需求，并根据反馈灵活调整发展策略。这种方法使得若产品未能满足市场需求，企业能够"快速而低成本地失败"，避免"高成本地失败"，进而在可承担的失败中快速学习，以便比竞争者更早取得成功。相反，若产品获得市场认可，企业则应持续学习，深入挖掘用户需求，并不断对产品进行迭代优化。

"精益创业"的核心理念可精炼为"试错"二字，若要扩展为四个字，则是"快速试错"，用七个字来概括则是"低成本快速试错"。这一方法论与制造业中盛行的精益生产原则不谋而合，都强调减少不必要的浪费，追求高效率和流程的简化。

PMF 法：市场和客户迭代式匹配法

在精益创业的框架内，最关键的概念之一是"产品与市场契合"（Product-Market Fit，PMF），**这一理念强调产品或服务必须在市场中找到其独特的客户需求及价值定位，这是其成功存在的关键因素之一**。这个观点最早由互联网时代的早期开拓者马克·安德森（Marc Andreessen）在 2007 年的一篇博客中提出，他当时对 PMF 给出这样的定义：在一个好的市场里，能够用一个产品去满足这个市场。在"PMF 金字塔模型"（参见图 5-1）中，每一个要素就是金字塔的一层，并且直接与它上下层相关联。从下到上，这五层依次是：你的目标用户、你的用户未被满足的需求、你的价值主张、产品的功能集、你的用户体验。

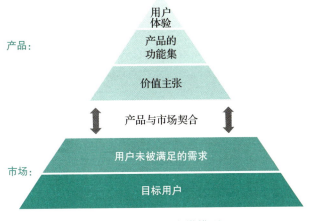

图 5-1 PMF 金字塔模型

PMF 从本质上解答了"你为哪些人解决了什么问题",紧随其后的便是对"理想市场"的定义。PMF 不仅涉及产品定义的过程,也关乎于目标客户的发掘过程。仅当产品功能与市场需求成功匹配时,企业才能开始其规模化扩张。

要实现产品与市场契合(PMF),可以采用的关键工具是最小可行产品(Minimum Viable Product,简称 MVP)方法。对于创业创新者而言,创新是在与时间赛跑,领先者能够享有很多优势,因此时间成本是其中最重要的一环。所以,**创业者应当采纳精益创业的思维方式,追求小步快走与快速迭代的策略**。这意味着以最低的成本推出一个仅包含核心功能的"简单"产品,接下来,观察市场对该产品的反馈。如果反馈积极,则继续投入资源以改善产品;如果反馈不佳,则应果断停止,以最小化创业成本。通过这种方式,"精益"策略能最大限度地减少不必要的资源浪费,避免走弯路,逐步接近正确的市场需求和解决方案。

总体来说，MVP 的实施包含四个关键步骤：首先，识别出需要验证的最关键问题；其次，围绕这一问题设计一个尽可能简单且有效的 MVP 方法并将其提供给目标用户体验；再次，进行数据收集和亲身体验，以及深入访谈；最后，验证初步设定的假设。

实战案例解析

青网科技集团：数智化驱动的产业发展服务商

青网科技集团（以下简称青网集团）自 2012 年成立以来，总部设在杭州，目前已在浙江、安徽、河南、河北、江西、广西、四川、云南等 9 个省份的近 30 个城市运营超过 300 万平方米的特色产业园区。公司的核心业务涵盖产业园区招商运营、企业一站式服务、股权投资和产业地产，形成了独特的"招商+运营+服务+孵化"体系。纵观青网集团的发展历程，其特色正是在于积极拥抱数智化时代，利用数智化思维引领战略转型。通过 PMF（产品与市场契合）的迭代创新，青网集团实现了三个阶段的成长。

青网集团 1.0 阶段（2012～2017 年）：随着 2012 年天猫的崛起，电子商务购物迎来了蓬勃发展的时期。到了 2014 年，国家提出了"万众创新，大众创业"的政策，全国范围内掀起了一股创业热潮。在数字经济的推动下，创业者们对办公园区的需求激增。青网集团敏锐地捕捉到了这一市场机遇，专注于满足大量新兴互联网公司的办公需求，利用标准厂房打造既富有创意又适合年轻人的办公空间，并提供相关的企业基础服务，赢得了年轻创业者的广泛认可。在第一阶段，

第 5 章 精益迭代 PMF：数智创新迭代方法

青网集团成功实现了 PMF（产品与市场契合）匹配：专注于服务海量互联网创业企业，提供高性价比的基础服务，实现了快速发展。

青网集团 2.0 阶段（2018~2023 年）：在 2018 年，青网集团意识到，尽管其 1.0 阶段的园区模式已在多个省份成功复制并实现业务的快速增长，但在电商落户业务中也面临新的挑战。一方面，互联网电商中小企业的生命周期普遍较短，通常不超过 3 年，导致现有客户流失，同时随着创业热潮的减退，新客户数量也显著下降。另一方面，园区的同质化竞争者涌现，引发了园区服务的价格战，使得市场竞争越发激烈。在这些挑战中，青网集团也洞察到了新的机遇：越来越多的企业需要多元化的服务来推动产业发展。因此，青网集团开始转型，专注于打造集中特定产业的新一代产业园，围绕区域特色和产业链上下游需求，创建了生物制药、电子信息、机器人、储能及新材料等专业特色园区。在这一过程中，青网集团摸索出一条成为专业产业园区运营商的新路径，并完成了第二阶段的 PMF 迭代：聚焦于有竞争力的新兴产业集群，并提供包括基金、人才、信息化等在内的园区整体服务方案。这一转型顺应了当时实体经济规模扩大和工业企业增速发展的时代趋势。从结果来看，这些企业平均入驻超过 5 年，且仍在稳健发展。具体案例见图 5-2。

青网集团 3.0 阶段（2024~2029 年）：在全新的经济形势和时代机遇面前，青网集团开始重新审视自身的变革战略。公司逐步将服务重点转向新质生产力的核心十大产业，包括低空经济、人工智能、高端装备制造、检验检测、新一代信息技术等。为此，青网集团成立了产业研究院，致力于对新兴产业从上游原材料到中游生产工艺再到下游市场的全链条进行深入研究。同时，公司还着手搭建针对大客户的数智能力中台，将客户群体从原有的电商类中小企业扩展到产业升级中的中高端制造业客户，以满足它们在数智化转型和智能化升级过程中的需求。

青网 2.0 园区案例【2018～2023 年】

开封园区
项目体量：12 万平方米
运营时间：2023 年 12 月
产业定位：储能及新材料
【储能】全钒液流电池及产业链企业
【新材料】航空航天新材料、可降解新材料、无机非金属材料等
代表企业：云锦特导（高强度铜铝合金）、中科新材（包装类可降解材料）、中科悦达（石墨烯导热膜）等

九江园区
项目体量：15 万平方米
运营时间：2022 年 10 月
产业定位：机器人
[机器人] 人形机器人、家政服务类机器人、仓储及配送类机器人及软件解决方案企业等
代表企业：优必选（人形机器人）、优地科技（商用服务类及配送类机器人）、捷迅科技（智能仓储分拣机器人）、猎户星空（AI 大模型及服务机器人软件）等

桂林园区
项目体量：12 万平方米
运营时间：2021 年 11 月
产业定位：生物医药、电子信息
[生物医药] 药品检测、细胞分离、保健用品等
[电子信息] 智能穿戴、显示技术、集成电路
代表企业：达远显示（OLED 屏）、巴斯波科技（可穿戴设备）、明华科技（细胞分离）、健安检测（药品检测）、华胤医疗（医疗器械）等

图 5-2　青网集团 2.0 阶段园区案例

青网集团创始人严飞是中欧创业营学员，在回顾中欧游学阿里钉钉的实境课堂时表示，他从中获益良多，尤其是教授提出的"每个产业都值得用数智化重做一遍"的理念给他留下了深刻印象。严飞判断，中国下一个十年的机遇在于高端制造业的崛起，因此他不断探索如何利用数智化技术为产业园区服务注入新的活力。回到企业后，他迅速召集团队，着手重新规划战略落地的具体方案。一方面，他们积极部署数智化工具，构建了基于数智化的招商、运营、选址、空间管理等大数据中心；另一方面，他们围绕大客户需求，创建了六大赋能中心，深度陪伴产业客户的发展，例如提供产业研报、蓝领招聘、财税托管、市场拓展、人才落户、海外设厂等服务。青网集团希望在第三阶段实现 PMF，在未来十年依托数智化能力，全面转型为提供全生命周期一站式服务的新一代产业发展服务商（见图 5-3）。

第 5 章 精益迭代 PMF：数智创新迭代方法

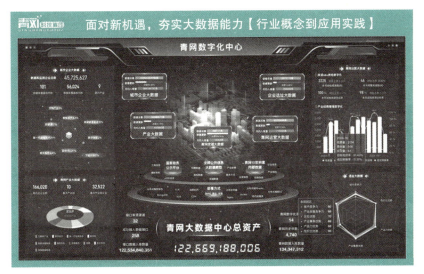

图 5-3 青网集团数字化中心提供给企业和政府的服务

树根互联：工业互联网数智化的四阶段迭代发展

我们以树根互联的"工业互联网数智化底座"创业发展历程为例，深入探讨其在搭建制造业的数智赋能平台时如何根据市场需求找寻关键客户、开发产品，进行持续的迭代升级。

当前，制造业正迅速进入工业 4.0 和全面数智化的新时代，这个阶段涵盖生产流程、业务模式、管理方式等各个方面的根本性变革，数智化转型已经成为行业的必然趋势。国家对工业互联网领域高度重视，工业和信息化部发布《工业互联网创新发展行动计划（2021-2023年)》和全力推进"全国跨行业跨领域工业互联网平台"的战略举措，为新发展格局的构建和"新基座"发展提供了强大的推动力，同时对企业提出了更高的标准。

三一重工在智能制造、智能供应链、智能服务等环节的数智化取得显著的成功经验，三一重工董事梁冶中与在三一重工积累了业务、技术、全球化经验的贺东东，联合创立了树根互联。虽然三一重工是其重要客户之一，但树根互联自成立之初便走上了独立自主的发展道路，进行独立融资，希望成为工业互联网数智化升级的底座。到2020年12月，公司完成了C轮融资，达到8.6亿元，公司估值约为10亿元，并被列入胡润《2021全球独角兽榜》，同时也在中国工信部于2022年1月公布的"跨行业跨领域工业互联网平台"榜单上，并且是连续三年入选Gartner"全球工业互联网平台魔力象限报告"的中国企业。

树根互联于2022年6月递交的IPO申请书显示，2019年至2021年，树根互联营业收入分别为1.52亿元、2.79亿元和5.17亿元，这三年的营收复合增长率达到84.71%。根云平台已接入并激活近90万台设备，覆盖工程机械、装备制造、汽车制造、电力等48个工业细分行业，打造了包括铸造、纺织等在内的20个产业链工业互联网应用，带动了一大批上下游企业实现数智化转型。

纵观其成长发展过程，根据市场的需求变化，通过不断与客户合作共创，树根互联不断升级迭代，开发出了产品智能化IIoT、智能制造IIoT、产业链IIoT三大解决方案，平台技术不断演进，从根云1.0发展至根云4.0。根云1.0和根云2.0主要聚焦于设备的物联网连接。根云3.0开始强调设备与业务流程的集成，并提供低代码开发环境。根云4.0进一步演化为一个能提供端到端数字升级服务的工业互联网操作系统，技术覆盖范围从工业数据采集、大数据处理到工业应用开发的全链条，能够满足大型制造企业跨多工厂、多园区的复杂管理需求。分析其发展迭代的历程，可以看到其在产品与客户定位上的试验、提炼与持续发展（见图5-4）。

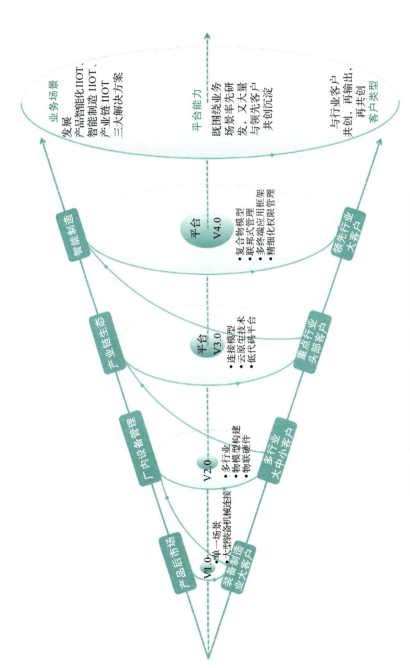

图 5-4 树根互联的业务、客户、能力的迭代成长过程图

第一阶段：为装备制造业（市场 M1）提供设备后市场服务（产品 P1）

市场调研与客户需求分析：树根互联的首个外部天使客户是装备制造业巨头湖南星邦智能装备股份有限公司（简称"星邦"），创始人是三一重工的前员工，公司自 2008 年成立以来，一直专注于高空作业设备的研发与生产。星邦面临的主要挑战在于其直接客户群体主要为租赁公司，而其产品的终端用户则分布在全球各个施工点。广泛的用户分布、多样的行业跨度和广阔的服务领域，使得星邦工程师的服务范围过于宽泛，导致售后服务的响应时间延长，维修配件的配送周期加长。这种情况下，加长的整体维修周期和低客户满意度成为星邦亟须解决的问题，关键在于如何准确快速地诊断设备故障，并提高配件供应与工程师服务的协同效率。

解决方案的提出：针对识别出的这些问题，树根互联从售后的设备工况监测、故障诊断、设备资产管理以及管理可视化四个关键方面为星邦提出了解决方案，实现了数据的可视化和透明化。

产品开发与实施：树根互联聚焦于为星邦开发的最小可行产品，帮助星邦的售后服务团队能够及时获取设备信息，准确判断故障，有效地分配维修任务，并提前准备所需的维修配件。

市场反馈与产品迭代：与树根互联合作之后，星邦显著节省了售后管理成本，客户服务的及时性提升了 15%，而客户满意度也提高了 6%。此外，星邦的客户可以通过手机 app、电话等多种方式进行故障报修。通过这种合作，一个售后服务人员原本仅能管理 50 台设备，现在能够有效管理 100～200 台设备。具体而言，树根互联进一步拓宽了设备互联网的应用场景，旨在建立一个跨行业、跨领域的通用性平台。从 2017 年开始，树根互联将设备后市场维修服务范围扩大，不仅覆盖了机械设备制造行业，还扩展到了风力发电、发电机组、缝纫机设备、光伏等更多行业。这一扩展不仅针对国内的中小企业，也包括国际市场上的龙头企业，如与混凝土机械行业的普茨迈斯特有限公司（Putzmeister）的合作。

市场局限性的识别与战略调整：在提供后市场服务的过程中，树根互联意识到，虽然设备后市场服务为企业带来的价值巨大，但其市场相对于整个制造业而言较为狭窄，且高度依赖于与前端产品和业务的紧密结合，需要大量个性化定制，不容易进行跨行业的广泛复制。这一局限性可能会阻碍树根互联长期的规模化增长。而相比之下，工厂内生产设备的数智化管理更易于标准化复用，且目标客户覆盖整个制造业，需求旺盛。

第二阶段：为机械钢铁行业（市场 M2）提供厂内设备的互联和数智化管理（产品 P2）

基于对设备售后维修市场局限性的认识，树根互联决定进行**产品与市场再契合的调整**，利用其在设备连接领域的优势，从后市场服务转向工厂内设备的互联和数智化管理，这是一个更易于标准化复用、目标客户更广泛的市场。

卫华集团是中国起重机械行业产销量最大、产品种类最全的企业集团之一。在与树根互联合作的初期，卫华集团首先通过根云平台了解场外设备的分布和在线状态，实时监控设备的工作状况。通过分析设备数据和历史状态，洞察设备改进的方向。在后市场服务取得显著成效后，卫华集团进一步邀请**树根互联开发能源管理平台，开启了工厂内设备能耗管理的新探索，通过能耗分析提高设备效率，降低能源**

成本，优化工时，实现成本节约和更有效的能耗控制，让树根互联看到了新的增长机遇。不过，面对各种不同品牌、型号的机器设备，树根互联需要进一步提升根云平台的功能和适应性。

接下来，树根互联在流程制造业中选择钢铁行业作为 PMF 的打磨样板。新天钢是由德龙集团控股的混合所有制钢铁联合企业。德龙集团自身高度重视数智化，因此在收购新天钢后，推进其数智化升级的诉求强烈。2021 年开始合作时，树根互联的业务人员深入新天钢一线进行调研，业务人员发现，新天钢一直都在积累很多数据，但是没有很好地利用起来。所以树根互联首先帮新天钢做信息化补课，让信息流转起来，接着把数据采集起来，在云端形成映射实体生产的透明工厂；其次，是把这些数据的价值发挥出来，基于根云平台的算法分析调节设备的参数；最后，让系统具有自我优化的能力，分析产线的经营数据以预测可能发生的问题，消除隐患。

树根互联对新天钢后续的规划是在厂内智能制造的基础上进一步做各种生产功能的集中控制中心，把生产、环保、安防的数据一体化，并将风、气、水、电等能源的使用加入数智化管理的范畴。

经过这一阶段针对天使客户的需要进行产品的打磨后，树根互联在 2017 年 2 月沉淀开发了根云 2.0 平台，此版本着重物模型的开发能力，旨在解决连接多种设备、适应多行业需求的核心痛点。物模型在云端为物理实体（如传感器、车载装置、楼宇、工厂等）提供了一种数智化的表示方式，通过属性、服务、事件三个维度全面描述实体的特征、能力及可提供的信息。针对不同品牌和类型的设备，树根互联通过构建具有识别功能的属性标签来实现设备的云端识别，类似于为机器人分配身份证号码，实现对数万台设备属性的自动更新。

第三阶段：为细分行业龙头（市场 M3）提供行业级平台系统（产品 P3）

随着客户自身能力的提升，它们开始提出对专属定制平台的需求，促使树根互联从公有云版本向定制化云解决方案转型。例如 2020 年，树根互联为星邦定制开发了"物联盒 T-BOX"，使得星邦的设备在出厂前就配备了定制的物联网接入方案，这不仅增强了接入稳定性和服务一致性，也有效降低了成本。

在服装行业，杰克股份（缝纫机与机床制造品牌）希望通过合作，推动服装行业生产的数智化变革，而不仅仅是停留在传统的设备销售模式。借助树根互联的技术和服务，杰克股份不仅强化了设备的互联互通和管理软件的开发，而且为下游服装企业提供了一体化的智能化解决方案，显著提升了生产效率，减少了等待时间。2021 年 12 月，由杰克股份牵头的"智能缝制设备工业互联网平台（行业级）"被正式列入浙江省经济和信息化厅发布的"2021 年度省级工业互联网平台创建名单"，这标志着树根互联与杰克股份在通用平台和行业级平台赋能方面达成了紧密的合作和互补。

同样，树根互联也与其他行业龙头企业合作，共同打造了包括广州定制家居集群、服装产业集群和嘉禾铸锻造产业集群等多个工业互联网平台，助力各地产业集群的数智化转型。

这个阶段的探索帮助树根互联累积根云 3.0 的产品矩阵，更加强调数据的云端集成以及其后的价值开发。该平台采纳了云原生（Cloud Native）的设计哲学，其中"Cloud"代表应用服务运行在云端而非传统数据中心，"Native"意味着应用服务从设计之初就考虑兼容云环境，为云计算特性量身定做，充分发挥云平台的弹性和分布式的优势。树根互联构建了一套实体与云端相连接的模型，提供数字孪生、运维监控、低代码平台等创新功能。在云服务方面，客户可以自由选择阿里云、华为云等服务提供商。

根云 3.0 的数字孪生技术**实现了设备信息的实时同步**。一旦设备从生产线下线，其数据便能自动上传至云端，并与使用方绑定，无论是租赁方还是承租人都可以通过移动设备实时监控该设备的运行状态、位置、速度、里程及其所在区域的范围等信息。相比之前版本，根云 3.0 提供了更为灵活和可扩展的权限管理，用户可以根据自身的使用场景进行角色配置和数据权限设置，利用低代码平台开发出满足个性化需求的应用。

第四阶段：为主流行业大客户（市场 M4）提供智能制造的解决方案（产品 P4）

自 2021 年起，树根互联认为制造业大客户要的不仅仅是生产设备的联网，实质上需要的是**智能制造的解决方案**。制造企业的核心需求在于推进制造全链路数智化，实现智能制造，这需要设备管理与人员管理、物料管理、工艺流程乃至环境管理（人、机、料、法、环）等方面的协同，以创造更大的价值。树根互联作为一个追求通用性平台发展的企业，**其客户需求和使命愿景都促使其加快介入制造全链路的过程**。

长城汽车便是树根互联在离散型智能制造领域重要的天使客户。双方合作伊始，选择了一个冲压车间作为试点，从冲压产线的压力机设备信息采集入手，为车间提供自动化的设备巡检、维护和保养服务。根云平台通过后台设置机器工况的阈值，并分析采集到的数据，达到阈值便自动触发警报系统和下发维护工单。设备达到使用期限或次数时,也会提醒员工进行保养。试点项目取得了显著成效,显著减少了约20%的设备故障,维护成本降低了10%,巡检工人数量减少了60%。

这一阶段,树根互联在专注为**大型制造业集团解决其面临的挑战**的过程中发现了,**大企业面对多园区、多工厂甚至是全球化管理的共性需求**。这种需求背后的核心是实现集团总部对各个园区的宏观管控,同时保证各园区具备足够的自主管理和应对能力。面对这一需求,三一重工、汽车及钢铁行业的客户均表达了类似的诉求,这推动树根互联发展出根云4.0平台支持"联邦式"管理。这种管理模式使得每个园区既能独立运作,又能接受总部的统一调度,确保中心系统在修改模型和权限时,各子园区能够即时同步更新。

然而,构建这种"联邦式"管理系统面临诸多挑战,包括前端设备的多样性(如电脑、iPad、手机等)以及生产过程中的人、机、料、法、环等要素的不断变化,这些因素使得前端应用的指标计算难以统一。为应对这些难题,树根互联在其平台内部引入了"数据智能层",这一层的作用是提供数据的聚合与实时处理通道,避免了使用传统数据中台技术架构的时延问题,即从信息采集到数据呈现通常需要至少4个小时。相比之下,"数据智能层"能够实时计算并将信息推送至前端应用,这可以被视为一种更轻便、更实用的中台解决方案。在应用层面,树根互联还提供了一系列的开发工具,使客户企业的业务人员能够参与进来,开发出符合企业自身需求的应用程序。

通过树根互联采用PMF方法论快速试错迭代创新,找寻可以规模化复制的拳头产品,及跨产业赛道中自己定位的案例,我们得以见证数智重生的核心在于根据市场需求的持续更新与迭代。事实上，数智化转型遵循的"3W1H"原则和产品与市场契合（PMF）之间存在密切联系，PMF承接3W1H的构想并帮助其实现落地。

首先，"为谁（WHO）"关注最佳目标客户的定位与找寻。

树根互联探索目标客户，从高空设备到钢铁到纺织到汽车，从中小企业到行业龙头企业，最终找到数智化意识领先、支付能力强、能够作为行业标杆而有利于后续拓展复制的核心客户。

其次，"什么（WHAT）"涉及客户需求与市场分析。

细分市场需求：树根互联提供的产品价值从设备后市场维修管理，转移到厂内设备的连接管理与数据分析，最终提供智能制造的整体解决方案。市场分析的目的是评估创新的市场空间及创意的潜在机会，从而确定创意与市场的交集。这正是引入PMF概念的意义所在。"F"（Fit，即契合度）匹配的范围越紧密，创意实现的价值越高。通常，一个创意会经历多轮PMF模型分析，以验证其可行性。确认创意可行后，需要分析市场上已有的类似产品。竞品分析要从市场规模和产品两个维度出发，探索这些产品的市场覆盖范围、与自身市场的重合度，以及从产品定位、目标用户群、功能等方面分析竞品，寻找差异化要素。

讨论到"怎样做（HOW）"时，则涉及产品的实际开发过程与能力的积累，这里采用最小可行产品（MVP）的策略。通过以最低成本设计并快速推向市场测试的方式，验证想法的商业可行性。对于资源有限的初创企业来说，开发产品的核心功能并简单包装后迅速上线，根据市场反馈进行产品优化是至关重要的。树根互联在各阶段沉淀的能力特征，例如，根云1.0是物联网的设备连接应用，根云2.0是物模型的开发以帮助数字孪生,根云 3.0 是制造设备信息的实时同步管理,根云 4.0 是跨地区厂区的联邦式管理体系。

需要强调的是,"PMF"实际上是"3W1H"理念的具体体现。在数智化转型过程中,企业不应仅仅执行一次"3W1H"分析,而是需要**持续循环、多次进行,确保产品与市场需求的持续契合**。

接下来,我们再通过小米公司的案例,来阐述企业如何用"3W1H"工具和"PMF"不断进行战略升级和产品的迭代升级。

小米汽车:小米全生态战略的创新迭代

2024 年 3 月 28 日,备受期待的 XIAOMI SU7 标准版正式亮相市场,定价为 21.59 万元,这是小米汽车的重要里程碑。根据小米官方微信的消息,仅用了短短 27 分钟,小米汽车的预订量便迅速突破了 50 000 台的惊人数字,预计将为小米带来超过 100 亿元的营收,这对小米来说不仅意味着可观的经济效益,更极大地提升了其汽车品牌的市场关注度。这一成就对于过去两年增长相对乏力的小米来说,无疑是一场及时的甘霖,为公司的未来发展注入了新的活力。

然而,这一成绩的取得并非偶然,**而是小米通过"3W1H"的战略演进和产品与市场契合(PMF)不断迭代发展的结果**。早在汽车发布前,小米汽车就通过市场调研、产品测试、技术研发、预售活动和宣传推广等方式,根据消费者反馈进行反复迭代升级,以确保产品能够满足用户需求并赢得市场认可。小米创始人雷军进行了 85 场业内拜访与沟通去学习汽车,自己深度试驾了 150 款车。小米汽车研发团队在技术研发阶段不断尝试创新,并将用户反馈纳入产品开发过程中；采用开放式的产品开发模式，通过米粉论坛等渠道邀请用户参与产品的讨论和改良过程。这种模式让用户参与产品的成长，提升了用户的忠诚度和品牌的亲和力。另外，小米汽车不断探索新的智能驾驶技术、车载互联网服务、智能电动动力系统等方面的应用，以满足消费者对于智能、便利、环保的需求。

小米汽车的迭代升级，是小米自诞生以来就一以贯之的战略做法。通过公开资料梳理，我们不难发现，自2010年成立以来，小米的战略经历了三个阶段的升级，围绕着不同的"3W1H"开发了相应的产品的整个周边的矩阵，而小米的智能汽车是第三个阶段也就是当前阶段中很有代表性的一种产品。小米在不同阶段围绕"3W1H"的思考进行探索，在这一过程中，始终聚焦于其用户群体，开展针对性的"PMF"验证。

回顾小米的发展历程，2011年，小米进入第一个战略阶段。彼时，随着智能手机的普及和移动互联网的快速发展，市场对智能手机的需求迅速增长。在看到移动互联网的巨大潜力后，雷军创办了小米科技。当时国内手机市场主要被国际巨头如诺基亚、摩托罗拉和三星等公司所占领，产品价格昂贵，国产手机价格低但质量一般。雷军希望做全球最好的手机，只卖一半的价钱，让每个人都能买得起。他认为，如果用互联网模式来做手机，把软件、硬件和互联网融为一体，就能对纯硬件公司实现"降维打击"。这种思路后来成为小米的核心竞争力之一。

在生产小米手机的过程中，企业不断使用"PMF"方法对产品进行验证。具体而言，小米建立了一个活跃的MIUI社区，让用户就产品和需求直接提出建议和反馈，在此基础上对产品进行优化和升级，确保了用户体验的持续改进和系统的活力。开发团队对用户反馈非常敏感，曾有一个小米粉丝对 MIUI 系统提出小建议，后来被迅速采纳并实施，这样的例子不胜枚举。小米在产品发布前会进行无数次的测试，在小米手机发布前夕，研发团队还在通宵工作解决软件出现的问题。通过不断引入新技术和功能，小米每次产品更新换代都力求给用户带来惊喜。

这种做法日后又延伸到智能家居方面（小米的第二个战略阶段）。随着物联网（IoT）技术的快速发展，智能家居市场呈现出巨大的增长潜力。小米认识到其手机用户群体对智能化生活方式的追求，于是抓住这一趋势，扩大其业务范围，于 2019 年更新战略，强调万物互联到万物智联，加速 AI 与 IoT 连接，在实现万物互联的基础上，让用户获得更加智能的科技体验感。通过米家生态链，小米推出了多种智能家居产品，包括智能音箱、智能灯具、智能摄像头、智能插座、智能门锁等。这些产品通过小米智能家居 app 或小爱同学语音助手进行联动控制，实现了智能家居的智能化管理和控制。在这个过程中，小米不断通过客户反馈和"PMF"方法进行产品迭代升级。

例如，小米通过社区论坛等渠道直接收集用户的反馈和建议，并对反馈给予高度重视，由工程师进行一对一跟进，确保问题得到及时响应和解决。针对用户反映的产品互联互通问题，小米制定了行业领先的智能单品互联互通的标准和规范，实现了不同智能子系统的协同工作。根据用户对全屋智能家居的质量要求，小米制定了"5 级标准、3 全应用"的质量和应用标准，确保产品能够满足不同层次的智能需求。小米首创的全屋智能家居质量保证模式，确保了生态链企业在产品研发和生产全流程中贯彻质量标准，实现了闭环质量管理。

在发展的第三阶段，小米开始进入更大的赛道——汽车领域，这是其品牌扩张和长期增长战略的一部分。在雷军看来，智能电动汽车是未来 10 年最宽广的发展赛道，是智能生态不可或缺的关键组成部分。智能手机及人工智能物联网，均是超过 4000 亿美元的大市场。从全球来看，汽车领域的年产值高达 3 万亿美元，具备巨大的发展空间，成为"兵家必争之地"。智能汽车涉及多个领域的技术，包括智能驾驶、电动化、智能互联等，这与小米现有的智能设备和生态系统（如智能手机、家居自动化产品）有天然的技术协同效应。小米看中了这个市场机遇，并希望通过自身的技术优势和品牌影响力，在该领域取得一席之地。

综上所述，通过"3W1H"工具，小米不仅在战略上保持了清晰的方向，而且在产品开发上也实现了与用户需求的紧密结合。而"PMF"方法的应用，使得小米能够不断迭代产品，以适应市场的快速变化，保持了其产品的市场领先地位。小米集团的发展历程充分展示了如何通过战略规划和产品迭代相结合的方式，在科技快速发展的时代中实现持续的创新和成长。这种**以用户需求为中心，以市场为导向的创新方法论**，不仅为小米自身的发展提供了坚实基础，也为整个科技行业的创新提供了宝贵的经验。

第6章
CHAPTER 6

战略执行

干一年

拆解执行：三分规划，七分执行

通过前面的章节，我们对数智化战略的共创生成过程有了清晰的了解，明确了战略设计要经过的两个步骤：一是对所处环境形势的洞察，二是聚焦该做的创新业务。在此基础上，我们进一步分析了价值定位更新（如宝岛眼镜的案例）和商业设计重构（如阿斯利康的案例），对数智化转型的本质有了更加深刻的认知。然而，这只是数智化转型之旅的启程。我们在实战过程中发现，企业成功的秘诀在于战略和执行的一致性，正如商战中经常听到的一句俗语"企业的成功三分在战略规划，七分在组织执行"，再好的战略如果不能去执行，也只是空中楼阁，纸上谈兵。

企业的战略规划提供了方向性的指引，如成为行业领导者或实现一定的销售和利润目标。但这些宏观目标需要通过战略解码细化到部门和个人层面，确保每个员工都清楚自己的任务和目标，企业的战略执行强调结果导向，使命必达。

战略解码是战略设计和战略落地之间起承上启下作用的环节，它也是战略成功落地的关键前提。战略解码的本质是将抽象的战略概念细化到组织的不同层级，确保每个层级的目标和策略都能得到有效执行。例如，如果公司级的目标是实现10亿元营收，那么市场部门可能需要通过精准的广告投放来吸引潜在客户。这一策略进一步细化为市场部的具体策略，例如在微信生态圈中识别客群并将广告投放到"最有价值的公众号"，再通过管理每一篇文章的"转化率"，最后达成"10亿元营收"的目标。

需要强调的是，战略解码的过程不仅是可视化的，而且是一种集体智慧的整合，它通过集体研讨帮助团队对战略目标和举措达成共识，并制订具体的行动计划，确保每个层级的责任明确，并在执行过程中进行持续的对照、复盘和提升。

为了更深刻地了解战略解码，我们提炼出两个关键字：拆、解。

关键字：拆

"拆"是指将战略成功的关键因素进行微粒化细化。一个系统的有效运作依赖于关键要素及其相互之间的互动作用。在战略这一大系统中，识别并专注于那些关键的成功要素至关重要。要素拆解涉及两个维度：战略本身所需的成功要素，以及实施战略时能够帮助我们成功的要素。结合这两个维度，我们可以更深入地分析和拆解要素。

在数智化时代之前，寻找成功要素主要依靠经验、观察和实验。例如，泰勒的科学管理方法就是通过观察和实验提炼出的规律，显著提升了生产效率。而在数智化时代，成功要素的提炼既延续了科学管理的精神，又借助了数智化工具的力量。数智化的核心在于可量化、可视化和可优化，而优化过程往往通过机器自动学习实现，这是数智化的优势所在。

要素拆解面临的两大难题是数据过多或者数据不足。消费互联网公司常因数据过多而不知从何下手，而产业互联网公司则因产业链数智化不足而缺乏数据。为解决这些问题，我们建议采用双元思维：一方面，通过框架有目的地搜寻可能出现的成功要素，避免盲目数智化；另一方面，加快建设数智化基础设施，确保找到的数字要素的可靠性。

这里需要强调的是，拆解成功要素的过程其实也是寻找和识别关键阻碍的过程。数智化转型过程中的关键阻碍，同样也是促进转型成功的关键要素，打通了关键阻碍，也就掌握了转型成功的要领。

在进行要素拆解时，我们可以使用MECE原则[⊖]，即Mutually Exclusive，Collectively Exhaustive（相互独立，完全穷尽）。MECE原则是结构化战略思维的基础，它帮助确保问题分析的系统性、逻辑性和完整性，是进行有效决策和解决问题的关键步骤。

结构化战略思维的起点是"切"。在进行"切"的过程中，我们要先列出名词的属性，即维度或分类。**维度是"切"分的核心，应该满足"具体可衡量"的客观标准，以确保分析的准确性和实用性。**每个名词或问题都值得从多个维度进行分析，以获得更全面的视角。通过独特的维度分析，可以产生有价值的商业洞见。举例来讲，某手机供应商对客户的分类可以基于不同的维度，例如职业（商务人士、农民、建筑工人等）、城市（一线城市/其他城市）、年龄段与性别的组合（成熟的中年大叔/年轻女性）等。

然后，选择一个我们认为重要的属性，作为分析的依据。属性的

⊖ 《麦肯锡结构化战略思维》。

重要性通常与我们的研究目的相关，最后，按照 MECE 原则进行"切"，继续向下深挖。

根据 MECE 原则，在"切"分后需要达到以下要求：问题被分解为若干个互不重叠且加起来能够覆盖所有可能性的子分类。子分类之间没有重叠，每个子分类都是独立的，确保分析的清晰性和准确性。所有子分类加起来应该覆盖所有可能的情况，没有遗漏，确保分析的全面性。

关键字：解

"解"是战略解码的具体实施步骤。它基于之前的"拆"阶段，**通过分析成功要素，明确公司层面实现战略的目标和策略，提出解决方案**。解码过程是将战略目标细化到各个执行层级（公司、部门、团队和个人）去进行解法的制定。在大型企业中，这些层级可能进一步细分；在小型企业中，某些层级可能合并。

解码的本质是将战略概念细化，并通过四个基本要素（目标、策略、任务和指标）从公司到部门再到团队逐层拆解直至个人。

我们以一家物流公司为例来对这一过程展开分析。这家公司的愿景是成为环保物流的领导者。公司基于此愿景，开展战略目标的设置和拆解，将战略目标从公司层面拆解到部门和个人层面。

公司的战略目标是成为行业的领导者，具体目标是三年内将碳排放量减少 20%。为了实现这一目标，公司采取了投资绿色技术和优化物流网络等策略。这些策略的执行情况通过年度碳排放量和能源使用效率来衡量。

运输部门负责部分目标的实现，减少运输过程中的碳排放。该部门的目标是一年内将电动运输车辆的使用率提高到50%。为此，部门采取了采购电动车辆和优化路线的策略，并通过"电动车辆使用率"和"成本节约"来评估进展。

运输部门经理的个人目标是在未来六个月内完成所有驾驶员的电动车辆操作培训。他通过安排培训和与人力资源部门合作来实现这一目标，并通过完成培训的驾驶员数量和培训满意度来衡量成果。

通过这种方式，公司的每个人都清楚了自己的角色和责任，以及自身工作如何与公司的整体战略目标相联系。这种清晰的目标和策略分解有助于确保整个组织朝着相同的方向努力，并有效地实现战略目标。在解码过程中，不同层级的侧重点不同，中高层更注重策略拆解，而基层则更注重任务执行（见图6-1）。然而，执行不应是机械式的，而应具备自我纠偏和创新的能力。在数智化时代，一线团队需要具备强大的执行力和创新思维，采用数智化工具找到可持续的解决方案，以应对快速变化的商业环境。这也是许多企业在转型过程中面临的挑战之一。

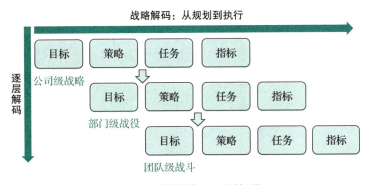

图6-1 战略拆解：逐层解码

执行落地：六步法

战略落地从战役到战斗分层次分步骤解码，是一个非常系统化的工作，前文讲到的是解码的纵向，从公司、部门、团队到个人，每一次解码的关键是保证策略和任务的上下衔接和对齐，意味着每一层把自己的目标达到了就实现了上一层的目标。解码的横向就是在团队层面具体如何实现目标与任务的连贯，这个过程中有很多成熟的方法论，例如 KPI、OKR、OGSM 等。

战略落地六步法 OTSSTI

我们在实践中提炼出战略落地六步法（见图 6-2），帮助大家更好地思考战略的落地执行，其中六步分别是"第一步 O（Objective）"代表目的，"第二步 T（Target）"代表目标，"第三步 S（Stuck）"代表关键阻碍，"第四步 S（Strategy）"代表关键策略，"第五步 T（Task）"代表工作任务，"第六步 I（Indicators）"代表任务指标。目的定义了我们行动的原因，目标明确了我们期望的成果，而指标则是实现这些目标的阶段性里程碑。战略落地六步法的拆解落地方式，帮助我们将战略转化为具体的行动，并确保每一步都朝着既定目标迈进。

在实际运用战略落地六步法的过程中，可以按照三个层面的思考来进行。第一层思考是，在战略聚焦的基础上，要清晰界定目的（O）与目标（T）。目的与战略意图紧密相连，而目标则是战略具体化、可执行的表现形式。切忌目标与目的背道而驰。

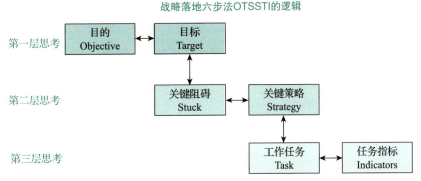

图 6-2　战略落地六步法的逻辑

接下来的第二层思考要聚焦关键阻碍（S）和关键策略（S）。在广泛的语境中，"策略"通常被定义为一套可以实现目标的方案集合，或者是根据当前形势制订的行动计划。目标的具体实施需要从两个方向来考虑：自上而下要根据战略意图确定，自下而上则是受实现战略的关键阻碍制约。识别并解决这些阻碍是制定策略的起点。下文要讲的对于策略的拆解，无论是流程法、公式法还是要素法，都是为了解决这些关键阻碍。

第三层思考是，策略要进行更细致的拆分，以便转化为团队的具体工作任务（T），实现协同合作和互相补位。而任务又要进一步拆解为可供衡量的任务指标（I）。在这一阶段，关键拆解的"必胜之战"尤为重要。

这里要强调的是，在应用战略落地六步法时需要注意以下几点：首先，要明确目的与目标之间的区别；其次，要确保策略与目标相互支撑，并且与关键任务紧密衔接；再次，要认识到指标实际上是实现目标过程中的重要里程碑；最后，要明白，战略落地六步法不仅是一个简单的任务拆解工具，还是一个动态的系统。随着战略的落地，以上这些要素需要不断对焦、循环、升级。

战略落地六步法小案例：生活中的减肥

我们以生活中常见的减肥的例子来思考这一框架。在制定了减肥的目标后，我们使用"战略落地六步法"来帮助战略落地，过程中要进行三个层面的思考（见图 6-3）。

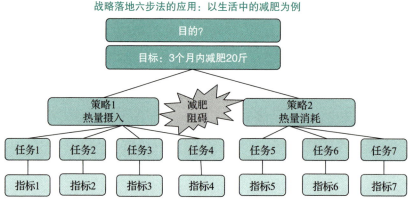

图 6-3　战略落地六步法的拆解应用

第一层思考是目的和目标的对齐。假如一个人的目标是在三个月内减掉 20 斤，那么，他的目的通常有两个：美丽和健康。虽然目标一样，但目的不同，实现目标的手段和任务也不同。假如其目的是美丽，那他可能会牺牲健康，选择注射药物、抽脂等方法，在极端情况下甚至会选择切除部分身体器官。但如果减肥是为了健康，这些方法显然皆不可取。

由此可见，目的和目标的对齐非常重要。生活中的目的和目标需要保持一致，商业环境下的目的和目标更是如此。比如，一家企业设定了达成 1 亿元销售额的目标，其目的可能是快速占领市场，也可能是为了健康稳定有序地发展。不同的目的会带来不同的行动，如果目的是占领市场，公司可能会不惜一切代价，甚至牺牲利润；如果目的是健康发展，公司则会保证现金流的稳定。我们建议企业领导人及管理层在设定一个战略执行计划时，特别要言明此次行动的目的与目标，警惕任何可能偏离目的只为完成目标的短期取巧行为。

在对齐目标和目的后，接下来就要识别关键阻碍并制定关键策略。让我们再回到减肥的案例中，俗话说，减肥成功的六字真经是"迈开腿、管住嘴"。如果把这两方面抽象成方法论，则是"热量摄入"和"热量消耗"。减肥的关键在于达到热量差的临界值，减肥成功的关键阻碍是热量摄入过多，热量消耗太少，摄入量持续超过消耗量。因此，要想减肥成功，我们应该考虑如何控制热量摄入，以及如何使热量消耗最大化。

确定了关键阻碍和关键策略后，接下来就是第三个层面的思考，即如何把每个策略分解为具体可执行的任务，并确定指标以对任务的落地执行做出衡量和评估。例如，围绕"热量摄入"策略，我们可以分解出很多任务，其中一项任务是控制早、中、晚餐的摄入量；而围绕"热量消耗"策略，也可以根据热量消耗的方式分解出很多任务。热量消耗的方式包括基础代谢、运动等。如果设定了"运动"这项任务，则又可以进行更加细致的拆解，确定具体是哪项运动。不同的运动及运动强度，运动量各不相同，消耗的热量也有很大差异。确定任务后，要进一步设定检测任务是否完成的指标，例如，在"运动"的任务下，可以将指标定为"每次运动消耗热量500大卡"等。

经过以上三层思考后，我们运用"战略落地六步法"工具将"减肥20斤"的目标成功拆解为"热量消耗"和"热量摄入"两个策略，然后进一步细分为"控制饮食""增加运动"等多项任务，并为每个任务设定了可以量化的指标，让大目标的落地有了清晰的图景。

策略拆解的三种方法

在拆解策略和任务的过程中，有很多方法论可以参照，我们接下来重点介绍三种方法：公式法、流程法和要素法。

策略拆解方法一：公式法

公式法是一种分析方法，也是一种分析框架。通过对指标进行公式拆解，可对拆解后的变量进行更精细的分析，实现分析的逐层深入，提出落地策略。需要注意的是，在拆解之前，不能盲目分解，需要有目的性地找方向，从而挖掘原因。

举例来说，如果一个公司的战略目标是在接下来的一年内增加市场份额，那么可以通过以下方式拆解：市场份额增长 =（新客户购买数额 + 现有客户的增量数额）− 流失客户的数额；新客户购买数额 = 营销活动 × 转化率；现有客户的增量数额 = 现有客户数 × 平均增量购买率；流失客户的数额 = 现有客户数额 × 流失率。通过这种方式，公司可以将战略目标拆解为可操作的组成部分，并为每个部分制订具体的行动计划。这种方法有助于清晰地理解战略目标的实现路径，并使团队能够集中精力在最关键的活动上。

公式法是一种全面展现团队在创造、传递和变现用户价值三个关键维度上的表现的方法（见图 6-4）。

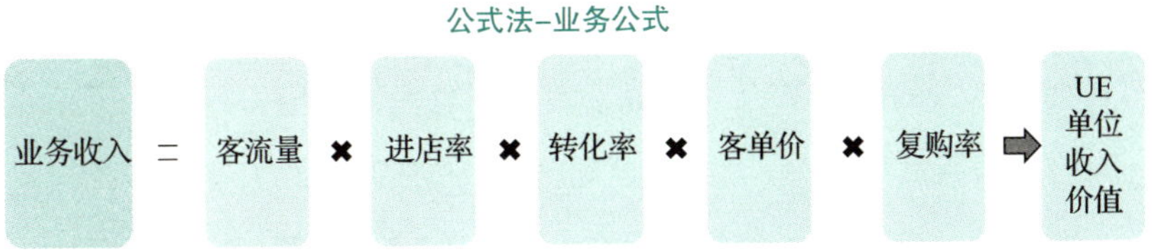

第 6 章 战略执行：干一年

公式法–业务公式

业务收入 = 客流量 ✕ 进店率 ✕ 转化率 ✕ 客单价 ✕ 复购率 ➡ UE 单位收入价值

公式法体现了团队在创造用户价值、传递用户价值、变现用户价值三个维度的表现。
第一类目的是"创造更多用户价值"，我们可以称之为**产品能力**（客单价、消费频次）。
第二类目的是"触达和转化更多用户"，我们可以称之为**市场能力**（用户数、转化率）。
第三类目的是"转化成更多公司利润"，我们可以称之为**商业化能力**（UE）。

图 6-4 利用公式法找出关键管理抓手

创造更多用户价值：这是第一类目的，关注的是如何提升产品能力。这包括增加客单价和消费者的购买频次，旨在为用户创造更多的价值。

触达和转化更多用户：第二类目的着重于市场能力，即如何通过有效的市场策略触达和转化更多用户。这涉及扩大用户基数和提高转化率，确保用户能够体验到公司产品提供的价值。

转化成更多公司利润：第三类目的着眼于商业化能力，即如何将用户价值有效地转化为公司的收益。这包括优化单位经济效益（Unit Economics），确保每个用户都能为公司带来最大的利润。

通过这三个维度的综合考量，公式法帮助团队明确各自的战略重点，并制订相应的行动计划，以实现可持续的增长和成功。接下来，我们通过一个案例来理解公式法在商业实践中的应用。

公式法案例：蔡司光学

蔡司集团于 1846 年成立，是全球光电和光学行业领导者，2022 年全球营收约为 88 亿欧元。蔡司光学在中国的主营产品是眼镜镜片及验配设备，2022 年千元以上镜片的市场份额为 40%；在 2017 年到 2022 年间复合增长率为 30%，服务超过 3 万家眼镜零售门店和眼科医院。

近些年，蔡司光学的发展面临机遇和挑战。在信息阅读需求增加，生活方式电子化、消费者个性化程度不断提升的消费时代，眼镜行业拥有巨大的市场潜力。但由于宏观环境变幻莫测，行业巨头正经历整合，替代品进入等，蔡司光学也感受到转型的压力。

在这样的背景下，蔡司光学中国总部的高管团队在训战过程中，通过"三看一瞧"先对所处环境进行了扫描、洞察，确定了"想做（实现眼镜行业健康、有序、持续增长）""能做（联合零售客户搭建2B2C一体化的O2O赋能平台）""可做（质保卡会员获客＋数字运营留客）"的交集"该做"，即蔡司光学通过与B端客户（零售渠道）发展C端的联合会员，为B端的战略级客户引流中高端的消费者到店消费，并利用数字化工具在售后服务场景中实现用户的留存和复购。

在分析自身时，蔡司光学团队发现当前发展面临的主要症结卡点，包括B端的零售客户未充分了解用户运营的共赢利益点，以及C端消费者未充分了解蔡司光学完善的售后质保服务等会员权益，登记率低。具体来讲，消费者找不到即时且准确的眼健康咨询渠道，想找到周边提供专业验配和良好购物体验的门店存在难度。门店的售后服务质量和可靠性受到质疑，消费者希望能够以便捷的方式查看和管理自己的视力档案。B端客户（授权门店）则面临来自低价窜货的同行的竞争压力，在提升自身价值和吸引消费者方面也存在困难。同时，B端客户的用户运营能力面临挑战，维持用户黏性和复购存在难度。

在此基础上，蔡司光学团队确定了数智化转型的目的，即通过升级蔡司光学O2O平台，助力战略合作的门店获客并留客，提升用户复购率和忠诚度，实现眼镜行业健康、有序、持续增长。围绕这一目的，领导团队进一步确定了两个目标：①在2025年新增400万名联合会员；②为2000家钻石合作门店每年每店新增15万元零售额。

第 6 章 战略执行：干一年

接下来，为了让目标落地，蔡司光学团队使用公式法对关键策略进行了拆解规划，并确定了以下三个策略，其所用的公式如图 6-5 所示：

第一，利用线上平台将客户引流至战略合作授权门店，帮助门店客流量增长 20%。

第二，通过升级蔡司睛选门店相关功能，突出钻石合作门店客户在蔡司睛选 app、小程序上的差异化展示。

第三，通过丰富用户权益，从而提升用户忠诚度，最终提升复购率 ××%。

关键策略 & 必赢之战

公式法分析关键策略 / 战役

销售目标 = 蔡司镜片门店数 × 店均进店顾客数 × 进店顾客转化率 × 服务商购买单价 × 复购率

- 为 2000 家钻石合作门店每年每店新增 15 万元零售额
- 利用线上平台将客户引流至战略合作授权门店，帮助门店客流量增长 20%
- 通过丰富用户权益，从而提升用户忠诚度，最终提升复购率 ××%

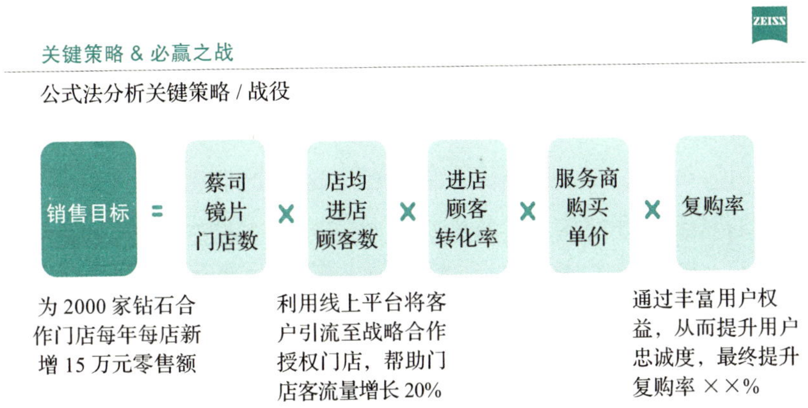

图 6-5 蔡司光学在训战营制定的关键策略拆解规划

围绕策略一，蔡司光学团队进一步明确了三个任务，即创造优质的内容、品牌故事、文化和人设形象，通过线上 + 线下营销、KOL、异业合作触达目标群体，实现 10 亿曝光；精准圈定人群，提供优质的眼健康内容，为 2000 家门店带来 200 万浏览量；通过提供联合运营功能，门店自主预约消费者到店，使门店客流量增加 20% 以上。⊖

⊖ 这个规划的落地非常成功，据事后了解，蔡司光学在 2023 年 10 月 1 日至 2024 年 9 月 30 日为 27 000 家门店带来 419 万的浏览量，为其中 8188 家门店带来合计 15 万订单增量，部分门店单店销售增量超过 20%。

围绕策略二，蔡司光学团队同样制定了三个任务，包括上线蔡司认证验光师模块，向消费者展示完成指定培训认证的验光师；升级门店展示模块，突出不同认证门店的差异；升级门店排序规则，引入联合会员数量及健康度排序等权重。

围绕策略三，蔡司光学团队制定了五个任务，包括帮助门店每周举行一次会员专属抽奖活动，提供蔡司产品折扣券、小礼品或积分等奖品；丰富会员权益，让会员可以使用积分兑换指定的商品或服务，鼓励用户亲临门店兑换积分，以增加门店客流量；联合提供会员专享优惠，包括折扣、会员日专属活动或限时促销等；每次新品发布时，组织会员专属的试戴活动；建立和维护会员社群，定期举办线上线下活动。

如此一来，"在2025年新增400万名联合会员""为2000家钻石合作门店每年每店新增15万元零售额"这两个目标就转化为3个策略和11个任务。团队只需聚焦这11个任务，确立衡量指标，并围绕指标做出努力，便会逐步接近总体的目标。

需要注意的是，公式法中的各个变量并不是独立的，它们相互之间是有关联影响的，比如商品的单价发生变化，会影响到转化率和客单价，客单价降低会提升转化率；在改变定价的策略中，是选择直接降价促销，还是买赠促销，还是通过地推活动促销，属于不同的策略选择。

降价促销适用于客流量相对固定，购买者通常不会加购商品的场景，而品牌自身的产品质保期较短，需要尽快销售；买赠促销适用于购买者有用囤货的方式购买商品的习惯，产品通过加购后容易形成消费黏性的场景；地推活动促销，本质是通过更多的曝光量来吸引更多的客流，适用于客流大的场景，可以吸引更多的客流来购买商品，通常会叠加买赠促销来达到更好的效果。

所以在公式法的实际应用中，我们一方面要识别出哪个变量是最大的阻碍，针对性地去改进，同时在选择改进措施的时候还要有智慧地去辨别场景，选择匹配场景的举措。

策略拆解方法二：流程法

流程法是一种依照时间顺序逐步分析和细化策略实施步骤的方法。它将复杂的策略分解为一系列可管理和可执行的小步骤，确保策略不仅仅是理论上的概念，而是能够转化为具体、明确的行动计划。这种方法的系统性实施，有助于提高策略目标达成的实际概率，使组织能够更加有序和高效地推进战略目标的实现。通过流程法，组织能够确保每一步都经过精心规划和执行，从而在策略实施过程中保持清晰的方向和高效的节奏。

流程法类似于漏斗分析法，我们推荐的工具是 AARRR 漏斗模型[一]（见图 6-6）。这是一个描述用户生命周期的模型，显示用户从获取到推荐的转化过程，帮助企业识别和优化转化瓶颈，包括五个关键阶段：获客（Acquisition）、激活（Activation）、留存（Retention）、变现（Revenue）、自传播（Referral）。

这种漏斗分析模型是一种流程分析工具，特别适用于流程较长、环节较多且每个环节的留存率逐渐降低的场景。类似地，我们可以将用户购买商品的流程拆解为以下步骤：①看到广告，②点击进入商品页面，③点击购买，④完成支付，⑤订单交付及反馈。通过这种方法，我们可以识别并优化每个环节，以提高整个转化过程的效率。

[一] 范冰《增长黑客：创业公司的用户与收入增长秘籍》。

图 6-6 流程法的漏斗模型

需要强调的是，流程的范围很宽泛，用户旅程是理解和优化客户体验的关键环节，它涉及客户与产品或服务接触的每一个步骤，从最初的认知到购买决策，再到使用和后续服务，是流程法的一部分；公司内部的业务流程也是流程法的重要组成部分，它们是公司日常运作的基础。数智化转型构成中价值链的解构和重构运用的也是流程法的思维。

流程法案例：日光域文旅

北京密云区穆家峪镇距北京市区 72 公里，距密云机场 10 公里，在很多人眼里，这里是典型的"城郊结合部"。就在这个名不见经传的小镇上，坐落着日光域文旅集团（简称日光域，也称为 Sunarea）的日光山谷，近年来逐渐成为家庭短途自驾出行客群的周末及小长假休闲度假胜地（见图 6-7）。

日光域于 2016 年成立于北京，以"成为中国家庭自然度假的首选"为愿景,以"打造用心、有爱的家庭度假时光,让每一位家庭成员拥有更多的陪伴和快乐"为顾客服务理念,主张"返璞归真,复得返自然"的生活方式,让中国家庭拥有更多自然度假空间和美好休闲时光,回归自然、回归家庭、回归生活,从而更快乐、更幸福。

图 6-7　日光域的露营园区地图

近年来,人们对于户外活动、亲近自然的需求大幅增加,整个旅游行业也在经历了过去二十年粗放发展和大众化出游的阶段后,迎来运营成熟和需求细分的市场环境。面对旅游业的新态势和家庭消费的新升级,日光域一直在探索把握新的增长机会的战略定位。通过分析市场、客户、对手以及自我审视(三看一瞧),日光域发现,市场上缺乏服务于家庭短程自驾客群的优质产品,管理团队敏锐洞察到市场上缺乏好的产品来满足这一客群亲子互动、休闲娱乐的需求,尤其是城市周边 1 小时车程以内的郊区自然风光的景点是不足的,同时日光域发现政府手中有很多闲置的景区资源缺乏有效运营,于是通过自身对用户的深度洞察,以及精细化运营,连接政府、客户、商户和业主,致力于打造为 S2G2B2B2C 的全生态圈的文旅运营平台(见图 6-8)。

长期思维实现超长链条的精细化运营：2G2B2B2C

精准定位达到精准营销形成精准投资：
精耕用户需求，实现最优投入产出比，以共生模式，通过精细化运营，实现多方创收增长。

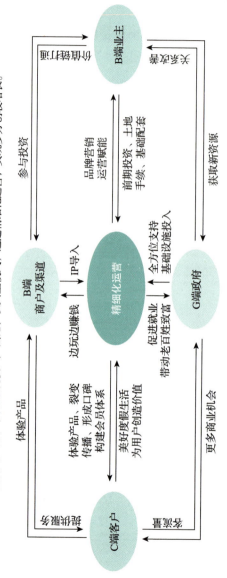

图 6-8　日光域针对商业运营模式的规划

第6章 战略执行：干一年

这无疑是一个巨大的商业机会，也是一个非常有挑战的愿景，日光域聚焦自身的优势和劣势之后，发现要想实现这个梦想，必须把自己打造成数智化驱动的文旅运营公司。文旅行业的基础建设很薄弱，存在很多运营服务和管理的"黑盒子"（业务发展的主要问题和挑战），如客户体验反馈不够及时和服务水准参差不齐等，通过精细化运营体系的搭建，借助数智化工具赋能，才能解决这些问题。

通过想做、可做和能做的评估分析后，日光域确定了"该做"的领域，即聚焦家庭自然度假人群，从园区娱乐、活动体验、管家服务和自然学校等场景切入，通过行前规划、专业管家以及营区内app + IoT管理等独特方式，满足家庭的亲子出游需求和家长的溜娃需求。

在这一战略方向的指导下，日光域团队在训战共创中进一步设定了清晰的目的和目标，其中目的是实现会员制运营，让日光会员成为中国最快乐的家庭，目标则是3年发展100万家庭会员，透过增加会员数量来培育运营能力以及验证商业模式（见图6-9）。

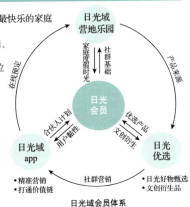

图6-9 日光域团队将训战营讨论结果落实为公司发展战略

在对齐目标和目的后，接下来，公司通过漏斗模型的筛选，对策略进行拆解。在识别出日光域营地乐园全链路流程包括项目获取、项目开业、用户入园、会员转化、会员复购及推荐（见图6-10）后，公司确定了四个策略，包括更多的好项目开业、更多的用户入园、会员转化以及复购与推荐（见图6-11）。在确定策略的基础上，进一步明确了四项任务，包括一个国家旅游度假区项目打样、优化12580产品体系、日光山谷会员转化模型打样以及创造出色的管家活动体验。

图6-10　日光域运营的全链路流程分析

日光域–对齐目标，拆解策略

拆解方式：流程法–漏斗模型

策略1：更多的好项目开业
策略2：更多的用户入园
策略3：会员转化
策略4：复购与推荐

图6-11　日光域采用漏斗模型进行策略拆解

接下来，公司将策略拆解为更加具体的任务和行动计划，设定定性和定量目标、截止日期、优先级、里程碑和责任人。公司还制定了关键策略来引导行动，如通过精准营销、裂变传播和渠道推广来发展日光会员。

值得我们借鉴和思考的是，日光域的战略目标是获得更多的家庭会员，从而带来更多收入。在传统的文旅项目中，游客收入是企业经营的根本，而游客收入由门票收入、项目收入、住宿收入和餐饮收入等组成。以往游客旅程法的分析更多地关注每个环节的转化率，通过提升每个环节的转化率最终实现收入的增加。这些环节包括：游客进入园区需要购买门票，开设各种各样的娱乐项目让收入最大化；尽量缩短游客玩乐的时间，以增加项目的周转次数（类似餐厅希望提升翻台率），但这样的操作往往会导致游客无法获得良好的体验，从而影响了他们的复购。

在训战营的共创中，日光域团队受到宝岛眼镜案例的启发，经过反思后发现：他们的客户是城市亲子家庭（孩子年龄介于5~16岁，父母会定期带他们出来度假），园区并不是知名景点，不太可能会有很多新增的一次性游客来打卡留念，因此，一味地在各个流程节点提升转化率并不是最优解（局部最优、整体不优），反而更应该关注如何让更多的游客能有机会进入园区，体验感受，在园区停留游玩。经过分析，他们做了一个重大的决策，将原本的入园门票设置为免费，鼓励更多的游客进园；并将园内项目分成免费项目和付费项目，让亲子家庭更多地选择留在园区内游玩，甚至为他们提供周末住宿一晚的选项，以期增强用户黏性。在这个过程中，设计好玩有趣的亲子互动项目让家庭感受到亲子的欢乐时光；同时推出会员制服务，通过提升亲子家庭的项目体验，吸引更多家庭成为会员；通过电子手环、手机app来了解会员的使用偏好，最终带动园区的良性发展。

图 6-12 展示了日光域全流程数字化的成果。

通过此案例我们会发现，流程法的关键是识别出关键环节（瓶颈）。在实战中，我们通常会从容易改进的环节下手，而忽视真正的瓶颈环节，尤其是在短期利益受损、长期效果不明确的情境下，我们很容易忽视需要我们突破的关键环节。

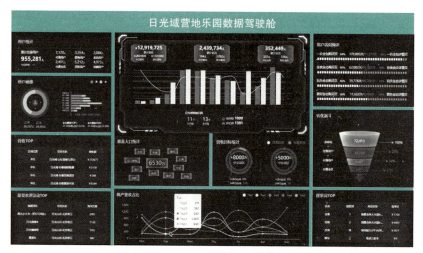

图 6-12　半年后回访，日光域骄傲展现全流程数字化的成果

策略拆解方法三：要素法

使用要素法进行策略拆解是一种将策略分解为其核心组成部分的方法，以便更好地理解和执行。通过要素法，组织可以确保策略的每个关键部分都得到充分的考虑和执行，有助于提高策略的成功率（见图 6-13）。

要素法的核心在于三个原则：首先，明确真正的问题所在；其次，采用结构化的思维来分析问题；最后，将问题细化至最基本的组成部分。

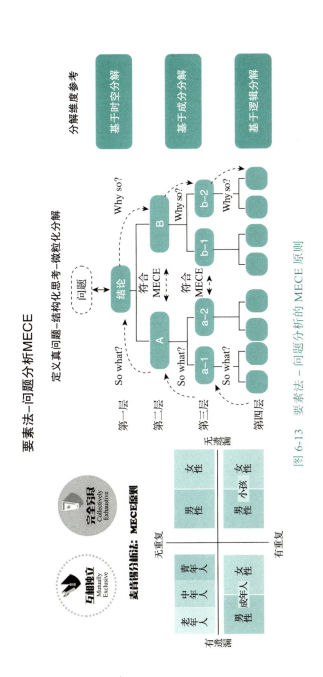

图 6-13 要素法－问题分析的 MECE 原则

问题分解不仅需要正确的方法，还需要合适的维度或模式。分解问题的模式，实际上是指我们从哪些角度来分析问题。通常，我们可以从时空维度入手，根据时间和空间的关系来分解问题；也可以从成分维度出发，根据问题在物理或社会意义上的构成来分解；此外，我们还可以从逻辑维度来分解，即分析问题中的逻辑联系。

（1）基于时空分解。

基于时空分解是通过时间顺序和空间组成，揭示事物的结构和变化，适用于多种场景和数据对比。具体又可分为按时间分解和按空间分解。

按时间分解指的是按时间顺序划分时间单位，比较不同时间段的变化。常用时间单位有年、季、月、周、日、小时、分钟。应用实例包括股票K线图、产品生命周期（导入期、成长期、成熟期、衰退期）等。

而按空间分解则是按空间组成将对象分解成不同单位。首先可以根据地域进行分解，例如，全国可以分解成各个省，省再往下可以分解成县、市、区。当观察全省或者全国的数据时，就可以将数据拆分成更小的地理单位进行对比。此外，可以突破地域的限制，根据地理位置的分布，划分为不同的网络，按照网络进行分解。例如，在地图软件上能看到的热力图，就是把地图分成了若干小单位，然后统计每个单位的数据，最终按照颜色的深浅显示数据分布情况。

地域和网络都是在一栋平面上进行分解，也可以按照空间进行分解。例如，一栋大楼可以分解成不同楼层，考察每层楼的人群分布和消费情况；天空可以分解成不同的高度，来对比每个高度上的飞机密度；同样水下也可以分解成不同的深度，来对比不同深度的水文特征和自然资源分布。

（2）基于成分分解。

基于成分分解，是将分析对象按照其在物理和社会关系上的构成，分解成各个子对象的方式，其中既包括以人群为对象的分解，也包括以事物为对象的分解。

以人群为对象的分解就是将一大群人按照某种特征和相关的关系，分成一个个小群体，在此基础上，可以对比对象之间的数据分布。常用的方式有根据组织结构、人群网络、人口类别分解等。组织结构分解常用在一个组织中，比如公司、政府机构、社会团体等。例如销售部门可以分解成各个销售小组，然后对比各组的业绩情况。将一个组织分解后，可以对比各部门的编制人数和工作内容，然后了解各部门的工作负荷情况，用于调整编制。

以事物为对象的分解是将事物按照更小的颗粒度进行分解。事物相对人群而言，构成更加丰富，成分之间的关联也更加多样化，因此围绕事物进行的分解也会呈现出更多形式。在以事物为对象的分解中，可以将产品按照形态或组合进行分解，例如，现在很多公司都有不同的产品线，各个产品线中又有不同的产品，产品线的宽度和深度共同构成了公司的产品体系，因此按照"产品体系—产品线—产品"的维度，就可以把公司的所有产品按照隶属关系，一步步拆分成更小的集合。在这种情况下，能够对比产品的销售贡献情况和利润情况。

（3）基于逻辑分解。

在针对问题的拆分中，有种方式是基于逻辑进行拆分。当问题被基于逻辑拆分后，分解出来的单位之间具有逻辑关联，在逻辑关联中还伴随着数学运算。在逻辑关联中，计算包括了加减乘除，加权汇总甚至微积分的计算，随着逻辑关联的丰富和深入，更多更高深的计算关系也会出现。

在商业实战中，通常会有约定俗成的属于行业特点的关键要素，例如零售行业会关注"人、货、场"三要素来提升销售额，制造业会关注"人、机、料、法、环"五要素来提升质量，传统旅游行业会关注"吃、住、行、游、购、娱"六要素，无论是哪种方式的拆解，最终我们要落脚到能影响和改变经营的关键要素，并针对要素中的薄弱环节做相应的策略改进。

整合案例：零售行业

至此，我们已经全面了解了策略和任务拆解的三种方法论：公式法、流程法和要素法。在实战中，这三种拆解方法实际上是相互关联、紧密连通的。

如图 6-14 所示，以传统零售业务为例，我们将三种方法做一次演练。第一步可以用**流程法**将零售业务分解为顾客消费旅程的相应步骤，例如，吸引顾客、进店浏览、试用体验、促成购买、增加购买量、促成回头客。

第二步通过**公式法**从另一个角度出发，将门店销售额拆解为对应的客流量、进店率、成交量、客单价和复购率等关键指标。

第三步，面对更为具体的业务卡点，我们可以通过**要素法**对这些指标进行拆解，我们可以看到：客流量与商圈位置、节庆活动等因素有关，这其实就是要素法中的基于时空分解，商圈对应空间，节庆对应时间，当然，真实的商业环境中还要考虑极端天气、临时管控等要素可能对短时间内的客流量产生影响；客流量确定的情况下，就要考虑进店率，相对来说影响进店率的要素更多，也更复杂，通常可以分为门面装修、品牌知名度、宣传活动、店内氛围和导购服务等要素。这其实是要素法中的通过逻辑推演来确定相关要素：进店人数确定后，就要开始考虑成交量，成交量是由进店人数×成交率而得出的，它与进店人数直接相关，而成交率又与商品多样性、定价合理性、商品陈列、营销策略和服务体验等要素紧密相关；平均客单价与推出的引流爆款和高价值商品息息相关；单次购买数量与店铺动线设计、关联商品陈列和优惠组合策略有关；复购率则与商品种类丰富度、商品品质以及会员体系的完善程度相关。通过这些要素的不断拆解，我们可以有针对性地分析瓶颈在哪里，针对阻碍点，拆解相应的策略，以优化每个环节，提升整体销售业绩。总而言之，适当的拆解方法可以帮助企业精细化运营，促进战略执行与落地。

读者可以选择适合自己业态及公司战略属性的拆解方法，拆解是帮助我们从战略制定到战略执行的必要工作，也是帮助企业取得成果的重要管理方法。

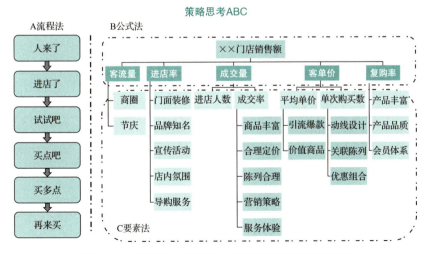

图 6-14　流程法、公式法、要素法融合的策略拆解

第 7 章
CHAPTER 7

数智颠覆

价值链的解构和重构

第 7 章 数智颠覆：价值链的解构和重构

价值链的定义和内涵

数智化转型重生是指企业利用云计算、大数据、人工智能、物联网等数字技术，对企业的设计、生产、销售、服务等各个环节进行智能化改造和升级，以实现企业的降本增效、规模增长、价值创新（核心竞争力）的一系列执行活动。战略执行的过程包括"拆"和"解"，具体到数智化转型的过程中，则意味着将价值链中的价值活动、关键流程和成功要素进行拆解并赋予数智化，从而最终实现企业的竞争优势。

价值链这一概念由哈佛大学商学院教授迈克尔·波特在1985年提出。波特认为，每一个企业都是在设计、生产、销售、发送和辅助其产品的过程中进行种种活动的集合体，所有这些活动可以用一个价值链来表明。企业的价值创造由一系列活动构成，这些活动可以分为基本活动和辅助活动两类。基本活动包括内部后勤、生产作业、外部后勤、市场和销售、服务等；辅助活动则包括采购、技术开发、人力资源管理和企业基础设施建设等。这些互不相同但相互关联的生产经营活动，构成了一个创造价值的动态过程，即价值链。

价值链理论的基本观点是，在企业众多的"价值活动"中，并不是每一个环节都创造价值。企业所创造的价值，实际上来自企业价值链上的某些特定的价值活动，这些真正创造价值的经营活动，就是企业价值链的"战略环节"。同时企业与企业的竞争，不只是某个环节的竞争，而是整个价值链的竞争，而整个价值链的综合竞争力决定企业的竞争力。

通过数智化转型改变价值链的战略环节，从而实现企业竞争力的提升，这是本章的核心思想。价值链和数智化转型有着密切的关系，主要体现在以下几个方面。

第一，数智化转型可以带来价值链的扩展与重塑。数智化转型使得企业的价值链从传统的线性模式转变为更加动态和互相影响的网络模式。企业可以通过数智化手段收集和分析大量数据，从而更好地理解市场需求，优化产品设计，提高生产效率，创新营销策略，提升客户服务体验，最终实现价值链的扩展和重塑。

第二，数智化转型可以带来价值创造的新机会。例如，通过大数据分析，企业可以发现新的市场趋势和消费者需求，从而开发新的产品和服务；通过智能化生产，企业可以降低生产成本，提升产品质量和生产效率；通过数字化营销，企业可以更精准地触达目标客户，提升营销效率和效果。

第三，数智化转型有助于实现价值链的整合与协同。通过数字化平台，企业可以打通内部各个部门和流程，实现信息的快速流通和共享，提高决策的速度和质量。同时，企业还可以与外部合作伙伴建立更紧密的合作关系，实现资源的优化配置和价值的最大化。

第四，数智化转型可以提高价值链的敏捷性和适应性。数智化转型提高了企业价值链的敏捷性和适应性。在快速变化的市场环境中，企业需要快速响应市场变化，灵活调整生产和运营策略。数智化转型

第 7 章 数智颠覆：价值链的解构和重构

使得企业能够通过实时数据分析，快速做出决策，及时调整生产和营销策略，从而更好地适应市场变化。

我们确信数智化可以带来价值链的改变和创新，面对数智化新技术所带来的百年难遇的新机遇，如何融合新技术和已有业务，如何抓住技术窗口期，如何实现企业的创新突破成为当下企业重生的关键问题。然而，价值链及其所延伸的价值网络对企业形同"双刃剑"，一方面让企业所向披靡地获得竞争优势，另一方面又在无形中限制和约束着企业的创新发展，这样的悖论就是哈佛商学院克莱顿·克里斯坦森教授所提到的"创新者的窘境"。

克莱顿·克里斯坦森在其著作《创新者的窘境》中探讨了"为什么许多管理良好、市场领先的大企业在遭遇某些类型的市场变化和技术变革时，会失去其行业领先地位，甚至走向失败"。他分析指出，这些企业之所以遭遇丢失市场份额的挫折，是因为那些曾助力它们成为行业翘楚的管理策略，同样也在严重阻碍它们采用具有颠覆性的技术创新（例如数智化新技术）。而这些在初期常被认为不靠谱的破坏性技术，最终往往会蚕食它们的市场份额，成为主流技术。这些企业擅长于推进更尖端的延续性技术的发展，即以消费者（现有客户）认可的方式提升产品性能，却忽略了市场中出现的新机会，以及那些被视而不见的客户群体的潜在需求。

克里斯坦森对"持续性创新与破坏性创新"这两种类型的创新进行了区分，持续性创新（Sustaining Innovation）是指那些在现有产品基础上不断改进和优化的创新，这类创新通常能够满足主流市场和客户的需求；而破坏性创新（Disruptive Innovation）则是指那些起初在性能上不如现有产品，但具有其他特性（如更低的价格、更简单的操作等）的创新，这些创新往往被主流市场忽视，但最终可能颠覆整个行业。

破坏性创新会重塑市场的价值主张。就主流消费者所关注的产品质量特性，破坏性创新在初始阶段往往只能提供较低的性能水平。尽管如此，这些创新技术却具备一些边缘消费者——通常是新兴消费者群体所青睐的其他特质，因而开辟出全新的市场领域。随着时间的推移，破坏性技术的开发者通过积累经验、获得投资，不断提升产品的性能，最终实现对原有市场的渗透和占领。

那么，应该如何破除窘境？克里斯坦森强调，企业需要在其所在的价值网络中针对新顾客群体的需求保持敏感，并愿意探索未知的市场领域，他在书中提到价值网络的概念，即价值网络是从价值链发展而来的。价值链是组织内部和外部一系列创造价值的活动，包括采购、生产、营销、售后服务等，彼此之间是串联、博弈的关系。而价值网络则强调了价值链上各增值环节之间的网状合作关系，它突破了价值链的线性限制，包括了提升客户、产品、技术和组织等多个方面价值的互补性资源与合作伙伴，更加注重客户全方位满意度的创造和整个网络成员共同的效率提升。企业的能力和发展受到其所处的价值网络的限制，价值网络决定了企业的能力和局限，企业往往因为过度关注现有客户的需求而忽视了破坏性技术的潜力，如何开发新客户并创造客户价值是价值链重塑的开端。

价值链的解构和重构

明确了价值链以及价值网络的定义和内涵，我们需要针对价值链重新创造价值，这一过程要遵循明确的步骤，其中包括流程拆解和要素数字化，也就是我们所说的"解构"和"重构"。解构是指将原本价值链和产业链中的关键活动和环境进行微粒化，找到最小单位，识别哪些环节可以通过数字技术进行改进和优化，以提升效率和降低成本；而重构则是在解构的基础上重新设计和构建新的业务流程和模式，本质是资源能力的重新组合与协同机制的优化，通过数字化技术的创新和整合实现更高维的价值创造和竞争优势。这就好比进行乐高积木的组装，每个乐高玩具由数百个形状各异的积木部件组合而成，玩家按照每次的娱乐或功能偏好，对零部件进行拆解与重新组合，有些模块可以留下来复用，有些模块全然创新。

解构和重构的前提在于**重新定义你的客户以及关注那些潜在的"非顾客群体"的需求**。《蓝海战略》的作者 W. 钱·金和勒妮·莫博涅强调企业需要通过创新来开拓新的市场空间，即"蓝海"，而不是在竞争激烈的现有市场空间，即"红海"中与对手竞争现有客户。蓝海战略的核心在于价值创新，它鼓励企业通过提供独特的价值主张来吸引客户，同时降低成本，从而实现差异化和成本领先。他们提出"非顾客"的概念，将非顾客分为**准非顾客、拒绝型非顾客、未探知型非顾客**三个层次，目标在于将还不是该行业的顾客转化为行业的忠实顾客。总而言之，蓝海战略的核心就在于价值的拆解与创新、针对非顾客的想象力以及突破禁锢的框架。它鼓励企业重新审视和组合行业的价值要素，创造出新的价值主张，以吸引新客户；理解并满足那些尚未成为顾客的群体的需求，这通常意味着开发新的、具有差异化定位的产品或服务；同时，挑战现有的行业规范和假设，通过创新来开拓新的市场空间。

在实施蓝海战略的过程中,企业需要考虑如何对现有的价值链进行"加、减、除、创",以创造新的价值曲线,具体来说,这涉及以下几个方面(见图 7-1)。

1. 增加(Raise):增加那些为顾客创造最大价值的元素,建立差异化的定位。这种增加应该能够显著提升顾客的感知价值。

2. 减少(Reduce):减少那些行业传统实务上提供过多、超出顾客需求的元素,以降低成本并使产品或服务更加专注于顾客的实际需求。

3. 剔除(Eliminate):识别并剔除行业中被认为是理所当然,但并不为顾客创造价值的元素。这些元素可能增加了企业的成本,但并未相应地增加顾客的感知价值。

4. 创造(Create):创造行业从未有过的新元素,以吸引新的顾客群体或满足现有顾客未被充分满足的需求。

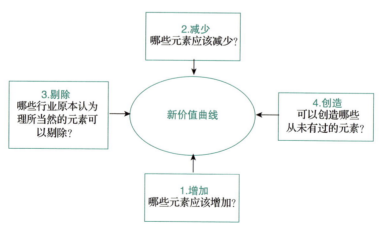

图 7-1 价值曲线创新的思考框架

数智化转型的大背景下,更加需要我们去改变价值链,推动价值创新和客户增长，数智化价值链解构和重构的关键依然是**"加、减、除、创"** 四大方式。所谓的"加"就是哪些价值环节可以通过数智化改造增加比重，"减"就是哪些价值环节可以通过数智化改造减少投入，"除"就是哪些价值环节可以通过数智化改造剔除，"创"就是哪些价值环节可以通过数智化创造，最终通过数智化实现价值链的扩展、重塑、敏捷、协同以及创建新的客户价值，形成企业新的核心竞争力。

案例：太阳马戏团

太阳马戏团是理解与应用蓝海战略的经典案例。作为全球最大的娱乐演艺制作公司，太阳马戏团是世界上最受欢迎的演艺集团之一，是可以媲美迪士尼的文化品牌，也是加拿大的文化"国宝"。

对传统马戏表演的颠覆性诠释、对舞台技术的革命性创新，贯穿了太阳马戏团的发展历程。太阳马戏团诞生的20世纪80年代，正是传统马戏团如日中天之时，它们以家庭娱乐为主，提供小丑、动物和空中杂技等表演。在传统马戏团以动物表演和空中杂技为特色，激烈竞争的红海市场中，太阳马戏团选择了一条不同的道路，将马戏团艺术与成人戏剧、特技表演、音乐和原创故事情节相结合，创造了一种全新的娱乐体验。

通过"加、减、除、创"产品的价值元素，太阳马戏团对"客户价值"进行了解构与重构。具体来讲，太阳马戏团去掉了传统马戏团中的动物饲养和驯兽师，大幅降低了成本；太阳马戏团不依赖特定的明星表演者，而是通过团队合作来展现各种技能和才艺；太阳马戏团通过不突出个体的化妆方式，让观众的注意力集中在整体表演和故事上，而不是个别的明星表演者。

与此同时，太阳马戏团在演出形式、故事叙述、观众体验等方面对客户价值进行了提升与创造。太阳马戏团将舞蹈、音乐、杂技、戏剧等艺术形式融合在一起，打造出独特的表演艺术。他们注重故事的叙述，每场演出都有引人入胜的故事情节，增强了观众的情感共鸣；通过巡回演出的方式，灵活地选择演出地点，同时保留了马戏团的传统帐篷和360度观众看台，创造了新的观赏体验。他们的演出不仅为观众提供了视觉盛宴，也触动了观众的情感。通过上述创新，太阳马戏团成功地拓宽了其观众群体，从儿童扩展到成人（传统马戏的"非顾客"），票价进一步提高，吸引了更广泛的观众。可以说，在当前强调动物权利（不允许利用动物表演获利）与小孩着迷于电子游戏不愿出门的趋势下，太阳马戏团与时俱进的创新，带给传统马戏团行业重生的契机。

数智化的价值创造

在数智化时代的浪潮中，我们将迎来一次历史性的变革，它将为各行各业注入前所未有的活力和价值。在不同的时代背景下，企业获取竞争优势的方式也不同。在传统工业时代，企业的成功依赖于规模经济。通过扩大生产规模，企业能够降低单位成本，提高效率，从而在市场上获得优势。在互联网时代，网络效应是决定企业成功与否的关键因素。随着用户基数的不断扩大，平台或服务的价值水涨船高，为企业构筑起难以逾越的市场壁垒。而在当前的数智化时代，企业则需要整合和打通各个数字化要素，利用大数据、人工智能等技术，对全量数据进行分析和优化，从而找到最佳的业务决策和运营模式。

在数智化的过程中，**数智化颠覆**主要体现在三个层面的价值创造，以推动创新的发展。

第一个层面是**降本增效**，聚焦于成本效益和效率优化，避免资源浪费。在现有的业务和资源框架内，数智化战略的核心目标是实现成本的降低和效率的提升。这是一个直观的理念：无论是减少单位成本还是提高单位时间的产出效率，都能带来企业利润的增加，以及社会资源更有效的利用。因此，在数智化旅程的初期阶段，多数企业都会优先考虑这一目标，选择从这一需求切入，作为数智化转型的起点。通过智能技术的应用，企业能使运营流程可视化，优化运营流程，精益管理，减少浪费，加快响应速度，从而在激烈的市场竞争中占据优势。

第二个层面是**规模化增长**。如果说第一个层面是关于优化现有资源的存量思维，那么这一层面则是开拓新领域的增量思维。如果不扩大市场份额，即使成本降低，利润的增加也是有限的。因此，数智化战略创新的核心在于探索实现规模化增长的有效途径（我们常以 10 倍的增长机会勉励同学创想）。实现非常规的规模化增长通常涉及对创新模式的输出与复制进行精妙的设计，首先，需要对自己打磨成功的最佳创新实践进行提炼，使之成为可以被组织内各区域人员及生态伙伴快速复制的模板，其中，数字工具、数据、算法的产品化具有很大的优势。其次，设计对外输出赋能的共赢机制，将自身的智慧结晶分享给他人使用，带来彼此的共赢共好，例如，贝壳的数字化产品包括楼盘字典与 ACN 机制，让链家经纪人找到的房源能够由生态中多个品牌的经纪人一起销售，成交后共享价值，带动行业的合作与升级。此时，企业需要有商业向善、先人后己的平台化思维，以及智慧的机制设计。

第三个层面是**价值创新**。无论是增量思维还是存量思维，本身都是在原有的商业模式下开展业务，打破边界，找到产业链中原创的新组合、新机会，就是价值创新的数智化战略所想表达的创新目的。在这一层面上，我们是否能够超越传统的产业边界与客户价值定位，利用数智化世界观探索增量和存量之外，行业从未出现过的认知？价值创新的数智化战略旨在突破现有边界，深入产业链中挖掘新的机会，这是其创新追求的核心所在。举个例子来说，外卖即时配送平台的发展，改变了餐厅的竞争格局，让店面地点与入座率变得不是唯二重要的，带来消费者足不出户即可吃到各种网红餐厅的美食的全新价值。此时，企业需要有对未来世界的想象力以及对客户本质欲望的具象化能力。

用更通俗的话来说，如果说降本增效是在"自己的碗里"寻找解决方案，规模化增长是在"自己的桌上"拓展思路，那么价值创新就是在更广阔的领域中"跑到更大的桌子上"寻找全新的方法和策略。这种跨界的思维和行动，能够为企业带来前所未有的增长机遇和市场优势。通过数智化战略的引领，企业能够重新定义产品、服务和市场，创造独特的客户价值，从而在竞争中凸显其独特性，又能带动生态升级创新，实现真正意义上的可持续增长。

战略聚焦的核心目标是创造更大的客户价值与社会价值，在这一过程中，自然也实现了自己的盈利。所有的价值创造活动都应以客户与利益相关方为中心展开，强调生态利益的平衡与共赢，在如此心态与架构下商业增长才可以持续。

从战略规划到数智化的深入实施,关键在于明确目标,确定在哪些业务模式上期望达到怎样的效果。数智化转型的实践方式多种多样,企业的起点目标不同,所采用的思维方式也不同,在进行解构和重构时也会应用不同的数智化手段去改造不同的关键要素,最终实现创新的价值点和效果也不必然相同,而这正是数智化颠覆中战略重生的魅力所在。

价值组合的差异化创新可以分成三步思考,第一步是重新定义你的客户是谁,以及哪些是你持续关注的潜在客户群体;第二步是如何应用"加、减、除、创"四种方式来实现价值要素创新组配乃至价值网络的动态更新;第三步需要站在数智化价值创造的高度去反思,我们所做的价值组合创新所实现的价值是在哪个层面,是否带来自身商业价值与社会共同福祉价值的兼容,使得创新可持续。其中第一层是降本增效,带来内部视角下成本效率提升,第二层是规模化增长,带来原有业务价值的平台化放大和提升,第三层则是价值创新,超越原有价值网络,面对新客户群体创建前所未有的价值是最高境界的数智重生之道。

实战案例解析

数智化颠覆的关键是数据和智能技术的结合,它将挑战根深蒂固的传统思维模式,重塑我们对世界的认知。企业的价值创造是资源、能力与流程之间有机组合的结果,每个企业对于以上关键成功要素的配方不同,因此有不同的战略定位。接下来,我们来看几家不同行业的企业是如何应用价值链解构和重构的思维方式来创建数智重生的价值创造的,包括汉帛国际通过数智化实现柔性生产,步步高商业通过数智化实现的精细化运营,安得智联通过数智化实现"一盘货"新价值模式。

汉帛国际:通过数智化打造"柔性快反"制造模式

让我们以服装制造业为例来探讨企业与行业的求变重生之道。服装行业面临的传统挑战在于,需求端追求个性化和多样化的创新,然而供应端则长期致力于大规模标准化生产以降低成本并提高效率。这种供需两端的经营逻辑不匹配,导致了行业内一个长期存在的问题:销售增长往往伴随着库存的增加和资金的积压,这增加了企业倒闭的风险。稍有不慎,企业就可能面临破产的威胁,因此企业规模越大越危险。近年来,这样的悲剧屡见不鲜,班尼路、佐丹奴、美特斯·邦威、拉夏贝尔等知名品牌便是典型的例子。

汉帛国际集团(简称汉帛国际)成立于1992年,总部位于浙江杭州,业务涵盖出口贸易、智能制造、品牌零售、产业服务以及时尚智慧产业园区。在工业时代,经过了二十几年的努力后,第一代企业家将集团打造成为H&M、Zara等国际大牌代工的头牌代工厂。然而这个头牌仍旧只是代工制造,其发展面临着所有服装代工企业都会面临的瓶颈。

首先,作为代工企业,汉帛国际认为自己处于价值链微笑曲线的底部,在价值链中获得的价值较低,利润空间有限,命运不由自己掌握。虽然公司也曾尝试向微笑曲线的两端延伸,比如投资商场渠道和自创品牌,但成效并不理想。

其次,服装行业的 SKU 通常遵循八二原则,即大部分(80%)设计生产的品项可能变成库存,这导致服装品牌商时常有大量的资金积压在库存,而小部分(20%)品项成为热卖款后,又因为生产方式的固化,再次下单需要一个大的批量,生产排程的僵化导致返单的时间很长,一旦 1~2 个月过去,返单产品上市后又错过了季节与流行的市场时机,每一年只能提早半年猜测流行趋势,预制生产,猜对了也来不及再制上市,经营时尚服装产业犹如赌博一般。

另外,消费者越发追求个性化,认为穿着代表自己的形象与定位,喜欢创新,不想与他人穿相同的衣服,这给传统经营方式带来挑战。对于服装制造厂商来说,过去以大客户为核心,大客户源源不断的大批量稳定订单足以养活一家服装制造企业。但现在随着互联网的进一步演化,出现大量来自网红、淘宝品牌、社区电商、独立设计品牌等的订单,而传统大客户的订单却开始萎缩。新订单的特征不再是大批量、稳定,而是小批量、高批次、动态变化。要拿下这样的订单,就必须实现从刚性制造到柔性制造的转型。

意识到行业新生态和发展新挑战,汉帛国际的二代领导人高敏接班后提出一个新愿景:未来所有服装品牌都需要敏捷的服装柔性快反制造供应链,柔性指的是 10~30 件的小批量定制,快反指的是 5~7 天的生产交付时间。高敏相信,数字时代的服装智能制造将使微笑曲线倒置,创造比品牌及渠道更大的价值。

2016 年,高敏孵化哈勃智慧云,组织一个懂数字技术、生产工艺、供应链、营销策划的团队,对传统工厂流程进行改造。

首先,哈勃智慧云将最需要柔性快反的网红达人作为天使客户,

数智
重生

让其通过数字系统 SaaS 界面来管理设计；然后，哈勃智慧云针对衣服设计样板进行拆解，计算出需要的布料、工艺、工时，分析出成本结构，并进行报价、采购与生产。

接下来是整个生产过程的数智化。哈勃智慧云和富士康开发了一个智能终端传感器，摆在每一位裁缝工位前面。师傅每裁剪一件衣服，就可以扫码计件计酬。同时，终端传感器可以分析每一个师傅在缝纫不同材质、不同部位时的熟悉程度、完成程度，进而判断每一位师傅的专长。如此一来，经过大数据的积累，可以沉淀出每一位裁缝师傅到底擅长做什么样风格或材质的服装，方便此后更好地派件，发挥每位师傅的优势。

哈勃智慧云带来了制造流程的可视化管理，通过数字看板，生产经理可以看到每一个工位的实时生产进度，如果有机器故障、物件积压、流水线阻塞等情况，可以马上介入辅导或解决，使得生产可以时时达标、件件达标，在承诺时间内返单。

汉帛国际产线的数智化转型取得了积极的成效。通过全流程的数字化，在小批量、多样化的生产环境下，产线的效率提高 20%，产能也稳步提升 15% 左右。因此汉帛国际把哈勃智慧云系统分享给整个行业，希望带来更大规模的数字化协同。哈勃智慧云将整套数字化工具，包括硬件和软件，开发成模块化产品，开放给行业的协同厂商、上下游企业等。哈勃智慧云为供应链伙伴提供标准化接口，将平台订单自动派发给下游工厂，实现供应链与工厂的信息匹配；帮助传统工厂进行信息化改造，通过低成本批量可复制的智能生产方案，采集、处理、传输、分析、反馈产能端数据，实现订单数据及供应链数据的匹配等。随着行业里更多的裁缝师傅使用这一套数字化工具，汉帛国际希望整个行业都能够更好。

总而言之，汉帛国际通过哈勃智慧云等数智化工具的开发与使用，对传统的服装生产流程进行了解构和重构。如图 7-2 所示，传统的服装制造流程是适应大批量生产的专业分工直线流程，包括产品设计、采购、生产制造、仓储，最后到达需求端，其中包括了超过 70 道工序、环节，因此从商品策划到上市基本上需要长达 6 个月的前置期。汉帛国际通过数字化解构和重构把 6 个月变成 6 天的柔性快反周期，做法包括：使用数字化工具进行服装设计与样衣拆解，减少打板反复确认的时间；生产所需要的面辅料在下单时都已经到厂验过，省去了传统工序中需要针对多个面辅料进行协商谈判、比价的冗长流程；接单时已经盘点过产能与工人，不需要召开产前准备会、生产计划会等环节；所有下单是小批量进行的，热卖时可以再小批量加急生产，每 6 天上市一次，即使卖不出去，损失的风险也很小。因此，整个柔性快反的制造供应链创新，带来品牌商（改善商业模式）、消费者（更多创新款式）、制造商（降本增效）共赢的效果。

步步高商业：通过数智化实现零售"精细化运营"

步步高集团成立于 1995 年，其控股子公司步步高商业连锁股份有限公司（简称步步高商业）2008 年在深交所上市，为中国首家上市的民营连锁超市企业。步步高超市是湖南省零售冠军，在区域地位、市场规模及品牌知名度等方面具备综合竞争优势。然而，同很多传统商超一样，近些年，步步高商业的发展遭遇了多重挑战。

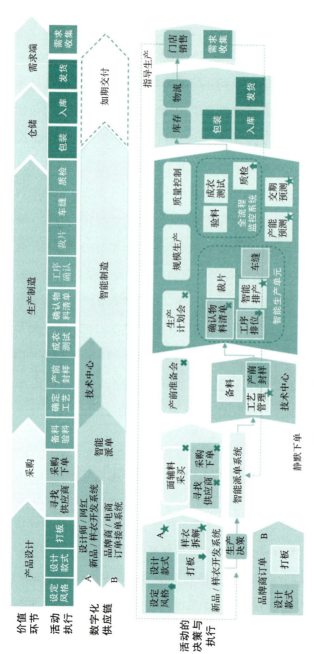

图 7-2 服装业柔性供应链的解构和重构

首先，在实际推动数智化改造的过程中，步步高商业选择从零售门店经营流程里最大的成本环节着手进行改造和升级。此前，门店内存在不同工种的忙碌时段不均衡现象。例如，理货员在早晨较为忙碌，而收银员则在高峰时段工作量较大。尽管他们在同一门店工作，却未能实现人力资源的有效调剂。这一现象部分归因于薪酬和业绩考核体系，还因为缺乏有效的数智化工具来实现人力资源在尖峰、离峰时段的优化配置。

为解决这一问题，步步高商业推出了类似于滴滴抢单的"动态用工、科学排班"的运营模式：步步高集团 CIO 彭雄带领团队实际到门店现场观察记录每个工种的动作、产能、执行标准等，将其标准化、数据化，然后开发数智用工产品，帮助员工通过移动工具发布和接单，实现灵活用工；通过动态用工平台发布用工需求，空闲的员工可以通过平台应征，按件计酬；在用工过程中，考虑不同工种的复杂性和难易度，合理确定劳务报酬，确保公平性；对不同工种进行培训和认证，确保所有参与灵活用工的员工都能达到用工标准。这就大大激发了员工的积极性，大幅提升了门店的整体运转效率。

接下来，步步高商业切入流程数智化，对整个门店业务的关键流程重新进行梳理，发掘可以优化的空间，然后通过数智化工具进行改造，实现突破。在门店管理的过程中有很多常规任务，包括调价、补货、订货、盘点、陈列和理货等，通过数智化工具帮助员工便捷完成这些任务，极大地提高了效率，降低了成本。

这其中尤其值得强调的是，步步高商业利用数字化技术优化生鲜商品运营，减少库存损耗，提高运营效率和盈利能力。由于生鲜商品保质期普遍较短，标准不一，需要较多的人力维护打理排面，生鲜运营是一项十分需要精细化运营的工作。

在数字技术的赋能下,步步高商业构建了从评级、预测到预警、出清再到整体分析的数字化运营新模式,重点控制损耗的三个主要方面(动态出清、动态盘点、需求预测与订货),根据商品质量、预测销售量以及库存量等指标,及时预警并折价出清多余库存,降低生鲜损耗。具体做法是,利用数据分析将决策信息数字化,弥补个人经验的不足,并通过系统沉淀和传承决策模型;系统能自动检测商品销售情况,对可能无法在保质期内销售完的商品提前发出预警,并提出折价建议;通过自动化和智能化的数据指标驱动,降低了生鲜商品排面维护的人力需求;通过减少损耗,提升了生鲜商品的毛利率,增加了销售机会。

步步高商业开发营销策划参谋系统,帮助门店长在早上开店前规划当天的水果营销方案,依照每种水果的库存、当季消费者的食用偏好等,进行水果的定价、爆品的展售方案等决策,在晚上关店后分析销售结果,与同类商圈门店进行比较,得到改善方案,为明天的策划做准备。步步高商业对各店的销售策划方案及结果数据进行沉淀分析,提炼出公司的知识库,帮助新来的或转岗的门店管理层更快学习知识并适应新职,彭雄称整个过程为"群智共享与知识赋能",即将运营过程拆解为任务单元,利用数智化工具分析提炼为智慧零售大脑,为每位员工进行赋能及诊断,更快提升全体员工的表现。

随着数智化转型实践的推进,步步高商业意识到,数智化并不只是工具导入,更是心智转变。数智化转型的过程不能只是存量降本增效,而必须要做增量。鉴于单一的会员营销策略难以应对电商冲击和货品单一化的问题,步步高商业人力资源负责人龙蓉晖借鉴家庭联产承包责任制,推出合伙人机制,有效激发了员工的积极性。为解决合伙人机制初期的监管不足问题,步步高商业引入数智化工具进行透明化约束,确保业务健康发展。步步高商业通过数字化系统识别关键KPI,从量化结果转变为量化过程,为绩效量化提供依据,并基于此实施合伙人机制,推动组织平台化转型。门店核心合伙团队享有增量利润的分享权利,通过"个人贡献系数"综合打分,量化个人贡献,激励员工努力工作,奖励奋斗者,避免平均主义。

步步高商业面对行业衰退积极求变的案例让我们学习到,数智升级的基础是对现有业务与服务流程进行可视化、可量化、可优化的客观诊断与务实改善,帮助企业降本增效。同时,数智化进一步可以促成员工的实践智慧共享,让管理更优化,帮助大家职业发展得更成功。当然,如果步步高商业能够继续通过数智化创造独特的客户价值,带来增量,企业的发展能够更加成功(见图7-3)。

运营流程数字化:打造可量化、可评估、可追溯、可优化的PDCA数字化闭环

图7-3 运营管理的数字化模型

安得智联：通过数智化打造"一盘货"业务新模式

成立于 2000 年的安得智联，早期以"企业物流"的角色，为美的集团提供从原材料入厂、成品出入库、库存管理，到送装一体直达消费者的全链路供应链物流服务。2011 年，美的开始推行"T+3"变革和渠道一盘货模式，安得智联升级为支撑集团渠道变革的供应链底盘。

彼时，传统家电行业存在着渠道层级多、经销商压货严重、仓库之间信息不透明等诸多问题，供应链运行效率低，成本极高；线上线下割裂，不同分销层级之间信息不同步，一级经销商、二级经销商之间的订单相互孤立，库存无法有效共享。并且产品从出产到送达消费者，需要经历从工厂到销售公司到多级批发商再到门店的漫长过程。安得智联通过价值链的解构和重构，改变了将 2B 与 2C 订单分作两套履约体系的传统渠道链，实现了商品从供应端到需求端的"短链"跨越，让产品能够只经过"两级跳"就送到终端——从工厂直发至共配中心，再到零售终端或消费者手中。

安得智联逐步将传统供应链所定位的"成本中心"向"价值中心"转变，通过"1+3"的智慧供应链服务模型对传统的供应链进行了解构和重构，从而实现价值创造（见图 7-4）。

"1"是指"全链路"。安得智联能提供从制造供应链，到流通供应链，再到零售及售后供应链的端到端一体化服务。

"3"是指"一盘货""送装一体""生产物流"。其中"一盘货"的实质是与客户一起解决渠道多元化订单的碎片化，带来履约成本上升、增收难增利更难的困境。通过全渠道库存的共享、仓库的优化，在减少搬运次数的同时，提高库存周转次数，降低库存水位，减少库存呆滞等。

第7章 数智颠覆：价值链的解构和重构

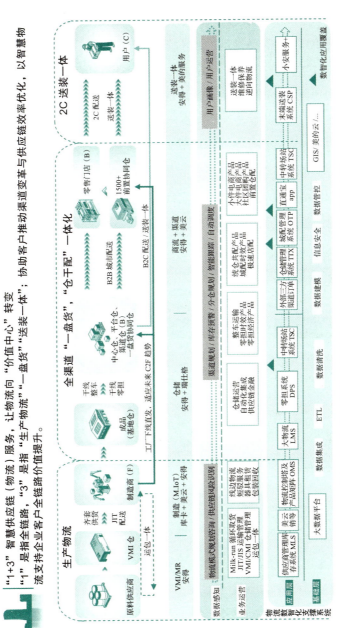

图 7-4 安得智联的"智慧供应链"服务的"1+3"战略大图

针对大件家居商品的"送装一体",智慧供应链服务模型帮助品牌方实现用户直达,并给用户更好的服务与体验。

关于"生产物流",安得智联将美的集团几十年精益制造经验沉淀转化为"数字化的灯塔工厂供应链方案",从总体框架与实施体系,结合客户及行业需求特征,做系统性的社会化输出。

我们来重点分析一下"一盘货"的服务模式(参考图7-5)。安得智联围绕快消品行业开展价值链的解构和重构,通过"一盘货"帮助快消品行业的物流及供应链方案实现了商流、物流、资金流、信息流各个层面的价值。

"一盘货"全价值链效率提升

通过推动全渠道一盘货,建立全价值链运营指标监控体系,物流、财务、销售费用持续降低,库存周转、资金周转、交付周期等核心效率不断提升,强化库龄、呆滞等风险管控能力,并对管理层经营决策提供指引与参考。

"一盘货"全价值链效率提升

费用降低	效率提升	风险管控
物流费用 / 财务费用 / 销售费用	库存周转率 / 库存结构 / 资金周转率 / 存销比 / 交付周期	库龄/产龄 / 呆滞 / 无动销SKU / 退货率
• 仓储费用、运输费用 • 资金占用、利息支出 • 代理商政策、分销商政策	• 基地库存周转率,渠道库存周转率、电商库存周转率 • 基地库存占比,渠道备货库存占比、代理商/分销商库存占比 • 全渠道存销比,线上/线下存销比,代理商/分销商存销比,分品类/SKU存销比 • 下单周期,生产周期,干线发运周期,配送周期	• 基地库龄/产龄,线上/线下库龄/产龄代理商/分销商库龄/产龄 • 基地呆滞,线上/线下呆滞 代理商/分销商呆滞 • 全渠道无动销SKU,线上/线下无动销SKU 代理商/分销商无动销SKU • 全渠道退货率,线上/线下退货率分品类/SKU退货率

图7-5 安得智联"一盘货"变革的规划与实施

具体来讲,在商流层面,美的将经销商、批发商从垫资、物流、市场等多重身份中解放出来,使其转型为运营商,专注于市场营销、客户运营,这样经销商的所有分销网络直接控制到县区,进而强化对售点的管理,通过"一盘货"升级后的经销商(代理商)可以专注在终端销售。

第 7 章 数智颠覆：价值链的解构和重构

在物流管理方面，安得智联通过全渠道一盘货的管理模式，将品牌商、经销商、批发商的库存统一管理，实现了从工厂下线到"一盘货"共享仓，再到零售终端（及消费者）的全链路无缝对接。通过统仓统配和 bC 一体的策略，安得智联提升了单位订单的履约效率，优化了交付体验，从而增强了市场竞争力。在原有价值链中，经销商（代理商）的仓库存在"多、散、小"的特点，这导致了效率低下和成本增加。安得智联通过"一盘货"统仓统配，将仓库和配送服务集中化、数字化，实现了价值链的重构。这一变革在物流层面降低了成本，提高了效率；在经营层面，提高了企业动销，改善了现金周期，带来了显著的价值提升。

深入分析安得智联的重构策略，我们可以将供应链物流行业的核心成功因素归纳为"人、车、货、场"四个关键生产要素的数字化。这四大要素需要通过"仓、干、配、装"（即仓储、干线运输、终端配送及安装）四个生产关系来实现其运作循环。虽然生产要素和生产关系可以独立进行优化，但只有通过数字化重构才能诞生新的生产效率。安得智联提出的"一盘货"模式，本质上是将"仓、干、配、装"整合成一个有机的且可以不断自我迭代的系统。在这个系统中，仓储与配送环节的优化升级最具挑战性。通过精细化管理和技术创新，安得智联致力于提升仓配效率和服务质量，确保整个供应链的流畅运作和客户满意度的提升。这种整合不仅提高了物流效率，还为供应链转型和智能化升级奠定了坚实的数字化基础。

安得智联在中欧训战营中设立了一个专门的攻坚小组，专注于运力变革课题的规划与拆解。他们首先运用战略三环和"三看一瞧"的方法来识别安得智联战略的关键机会，其中之一便是运力的优化升级。在训战营中，团队就运力优化升级的战略路径达成了共识，并形成了"点、线、面、体"四阶段的发展蓝图（见图 7-6）。

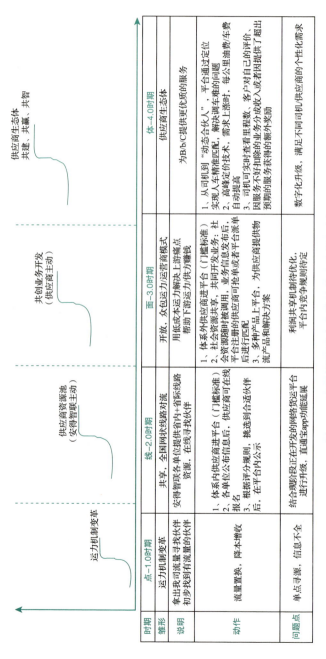

图 7-6 安得智联运力变革的战略路径规划

第 7 章 数智颠覆：价值链的解构和重构

第一阶段"点"，着眼于现有运力机制的变革，鼓励外部资源和流量的点状汇聚。第二阶段"线"，旨在构建全国性的线路网络，通过建立网络货运平台实现点与点之间的连接。第三阶段"面"，根据不同行业的特点设计货运产品服务，打造货运订单与司机的双向撮合平台，实现货运的众包模式，类似于满帮和货拉拉。第四阶段"体"，旨在构建一个数智化运力平台，实现运力、履约和订单三大中心的协同，不仅在撮合交易的浅层价值上，更在履约协同与生态共赢的深层次价值上进行拓展。

这一战略规划自 2021 年在训战营中共创后，一直是安得智联战略升级演化的指导方向，并得到了持续推进。在实践过程中，我们发现团队采用统一的战略语言和方法论，并持续练习与应用，这对于形成战略一致性和组织协同性至关重要，也是取得战略成果的基础之一。

战略路径规划制定之后，还需要形成业务聚焦，团队借助"3W1H"框架进一步聚集在运力的供给端（司机）、需求端（订单），开展 PMF 的匹配探索，他们应用价值链解构和重构的思维方式，将运力业务流程做进一步的拆解，通过"加、减、除、创"方式有针对性地改进原有环节和流程，例如仓网规划、运力集采、动态定价、智慧调度等改良和创新（见图 7-7），从而实现运力的深层次变革，以取得更好的时效和更低的成本。

在方法论的指导下，安得智联的变革不仅使公司积累了数字化升级的宝贵经验，也增强了信心。公司持续专注于服务企业客户的数字化转型，致力于开发一体化的智慧供应链物流解决方案。依托全场景数字化物流管理平台和完善的仓配网络，安得智联能够迅速响应客户

数智
重生

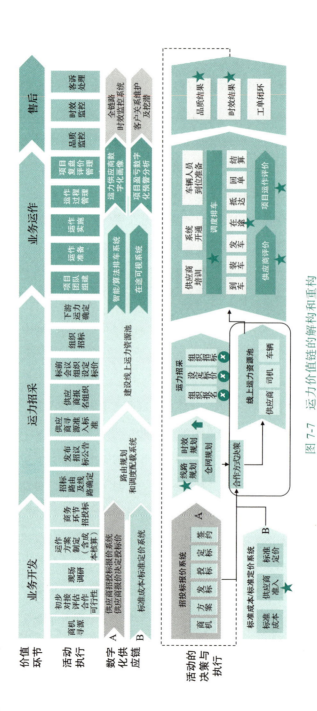

图 7-7 运力价值链的解构和重构

第 7 章 数智颠覆：价值链的解构和重构

的供应链物流需求，提供高效、标准化且具有灵活性的一体化供应链服务。这有助于品牌商以低成本实现订单在线、库存在线、交付在线等全渠道数字化，提升整体运营效率。特别是在仓网规划的智能化探索方面，安得智联进行了大量的实践和尝试。公司通过"组织、工具、方法论"的整合，实现了服务模块的智能化。首先，在组织架构上，安得智联成立了专业团队，设立专人专岗，负责客户的仓网规划工作。其次，公司与上海交通大学合作，研发了"供应链优化大师"这一建模工具。最后，凭借美的集团多年的实践经验，安得智联总结出一套仓网规划的方法论，帮助客户利用数字孪生技术进行仓网结构的分析和优化，从而实现显著的降本增效。⊖

图 7-8 展示了安得智联"一盘货"统仓统配的总体方针。

图 7-8　安得智联"一盘货"统仓统配的总体方针

⊖　安得智联官方网站。

通过这些举措,安得智联不仅助力快消品行业重塑了供应链价值链,而且通过创新的服务模式和数字化工具,为行业的新增长模式提供了强大支持和赋能。这些努力不仅推动了行业的转型,也带动了安得智联自身业务的数智重生。

第 8 章
CHAPTER 8

组织焕新

战略和组织协同升级

升维思考：战略组织一体两面

前面章节所呈现的企业案例都是通过数智化开展了自身业务模式的创新和求变，成果看似斐然，过程实则艰辛，因为在数智化转型过程中，大部分企业都会面临三大基本矛盾：

一是全面数智化的需求与市场碎片化的供给之间的矛盾。这意味着市场上没有一家数字服务集成厂商可以提供一揽子数智化解决方案，从而导致数智化过程中各个模块、职能上的众多数智化工具本身也容易成为"数字孤岛"，彼此连接不畅。

二是企业对确定性和短期盈利的追求与中长期投入及不确定性回报之间的矛盾。这意味着数智化有很多基础工作，需要像造房子一样打好地基，例如以线下经营为主的企业，原本的数字化基础薄弱，开展数智化的第一步就是要做数字采集和标准化建设，通常这类建设所需的费用与投资，短期内无法直接转换成收益，这就需要企业分阶段、谨慎地去做出数智化投资的决策；

三是企业传统组织结构与数智化变革所需的新范式之间的矛盾。原有业务越成功的企业所建立的组织范式通常越固化，企业长期积累的固有组织范式通常具有强大的惯性，创新战略如何与传统组织保持同步升级，就成为一个关键课题。

以上三种矛盾中，前两种更偏向技术现实和财务规划，市面上有些书籍专门提出讨论与解法，整个行业也冀求数智赋能平台的发展提供经济实用的整体解决方案，我们在这一章重点探讨解决第三种矛盾的思路与能力，探讨如何实现战略和组织的同步升级。

企业史学家、战略管理领域的奠基者之一艾尔弗雷德·D.钱德勒（Alfred D.Chandler，Jr.）曾在其著作《战略与结构》一书中提出"战略决定组织结构，结构制约战略实施"的概念，战略与组织的关系就像左脚和右脚，左脚迈出去，右脚必须跟上，否则只能在原地打转。

在当今竞争激烈的商业环境中，企业要想取得成功，就必须拥有明确的战略方向和强大的组织能力，通俗讲就是要"想得清楚，干得漂亮"。战略和组织是企业成功的两个关键支柱，战略是企业长期发展的规划和方向，而组织则是企业开展经营活动的基本要素，是实施企业战略目标的框架和支撑。它们相互依存、相互影响，共同决定了企业能否在复杂多变的商业环境中行稳致远。

具体来讲，企业的战略是指企业长期发展的总体规划、目标和方向，包括企业的愿景、使命、核心价值观等。在战略的指引下，企业需要选择合适的业务领域和业务方向，以实现战略目标，因此战略直接决定了企业要从事哪些业务。企业的业务发展需要通过一系列的流程来实现，包括生产流程、销售流程、服务流程等，业务的特点和要求决定了企业的流程设计，对优秀业务实践的总结和程序化最终形成了业务流程，业务流程需要一定的组织结构和人员来支持和实施，流程的设计和实施直接影响了企业的组织结构和运作方式。如果把企业比作冰山，那么，战略解决的是冰山上的事情——实现业务的成功，即企业提供何种独具价值的产品或服务来满足客户的需求，而组织则是企业冰山下更底层的部分。通过搭建合适的组织结构、配置关键人才，来承接企业的战略落地。如果没有组织结构支撑，再好的业务战略也是空中楼阁。在现实世界里，很多时候不是战略决定了组织结构，而是组织结构反过来影响业务和战略的执行，如此企业容易随波逐流，反复变化而达不到应有的目标。在企业运营中，战略与组织设计的不匹配常常成为制约企业发展的瓶颈。企业需要不断优化战略与组织结构之间的关系，才能确保实现长期的发展目标。

钱德勒的观点"战略决定组织结构，结构制约战略实施"对企业实践产生了深远的影响。然而，在实际操作中，需要避免误解，一个常见的误区是将战略和组织人为地割裂开来，将它们视为两个独立的系统，并研究它们之间的相互影响和制约关系。虽然这种割裂有助于简化我们的理解和操作，但它可能导致我们忽视了对整体的考量，从而顾此失彼。为了避免这种片面性，我们希望在钱德勒的论述的基础上提供进一步的阐释：战略和组织并非相互影响的两个独立的系统，而是构成一个整体的两个方面。它们之间的关系就像硬币的两面，相互依存，不可或缺，因此，我们可以认为"战略和组织是一体两面的"。

组织三力：能力 × 动力 × 持久力

理解了"战略和组织是一体两面的"这一概念，我们就能认识到组织的能力对战略的成功至关重要。那么，究竟何谓组织能力呢？"组织能力"这一概念来源于1972年克里斯·理查森（Chris Richardson）提出的"企业能力"，由此开辟了从能力角度研究企业组织的先河。**组织能力是指开展组织工作的能力，是指以更高的生产效率或更高的质量**

投入各种要素，将其转化为产品或服务的能力。 如果把组织看作生产设备，组织能力就是设备的产能，投入的资源质量越好、成本越低、效率越高，生产的交付物价值就越高，生产设备的价值就越高。

国内较早推动组织能力建设的是腾讯集团高级管理顾问，前中欧人力资源管理学教席教授杨国安。他认为，要培养组织能力，需要由外向内地思考，而且要有与战略相关的组织能力。基于自己多年的思考与丰富的管理实践，他提出了著名的"杨三角"组织能力理论（见图 8-1），该理论由员工能力、员工思维和员工治理三个方面组成。㊀

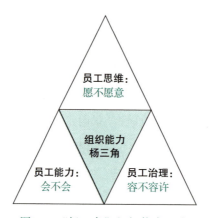

图 8-1 "杨三角"组织能力理论

员工能力是**"会不会"** 的问题，即员工是否具备组织能力所需的知识、技能和素质；员工思维是**"愿不愿意"** 的问题，即员工是否展现出与组织能力匹配的价值观、行为和投入度；员工治理则是**"容不容许"** 的问题，即公司是否提供有效的管理支持和资源，容许员工发挥所长。

我们在实战过程中将杨三角的理论做了演绎和简化，将其中的**员工能力**、**员工思维**和**员工治理**，理解和诠释为组织中三股力量的呈

㊀ 杨国安《组织能力的杨三角》。

现，我们认为组织能力最终由三股力量汇聚而成，分别是组织所具备的能力、动力和持久力，也就是组织能力的底层是组织三力的汇聚。能力对应的是组织中员工所具备的完成任务的能力和经验，相当于新能源汽车的核心部件电池组，能力越强的团队电池组的电容量越大，可以让车辆远距离行驶；动力对应的是组织中员工在具备能力后，是否有意愿和能动性去施展能力，就像大容量电池组也需要充满电才有动力驱动汽车前行；持久力对应的是组织中员工在具备能力和动力的情况下是否能持久地输出，而不会感到疲惫和懈怠，如同新能源汽车的电池组容量大、充电快，在反复充电放电后是否依然具备良好的品质，持久地保持高能量和高动力。

理解了组织三力模型的内涵后，我们再换一个视角来看组织三力，将三股力量的呈现换成三个圆圈（见图 8-2），可以发现组织能力同样体现为能力、动力和持久力的三圈汇聚。当我们将战略三环模型和组织三力模型放在一个框架里审视时，会发现这两个模型的结构是相通的，做法是可以协同互补的，这也进一步强化了我们提到的战略和组织一体两面的内涵。

正如战略的形成是能做、想做和可做的交汇点，组织的成功同样依赖于员工能力、动力和持久力的融合：仅有能力而缺乏动力，无法驱动组织前进；而即使能力与动力兼备，也仅能保证短期内的发展，为了实现长期的、持续的价值创造，组织还必须具备持久力，持久力的培养需要组织机制、流程和文化的坚实支撑。当然我们也必须正视，战略生成的三圈与组织执行的三力之间有一道鸿沟，那就是想到和做到之间的拆解落地，这个部分就是第 6 章的内容——如何将战略拆解落地。

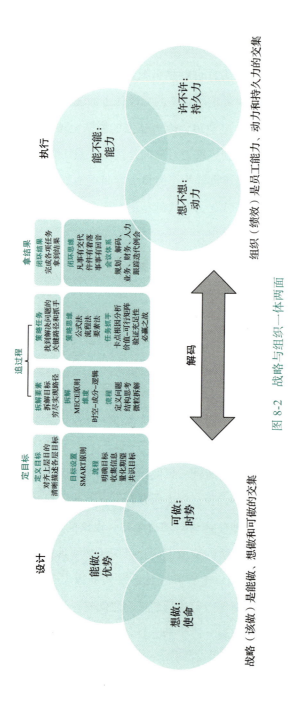

图 8-2 战略与组织一体两面

组织焕新：组织保障 3+1 模型

面对波涛汹涌的数智大浪潮，我们期望在时代变幻中屹立潮头，这就需要积极的战略应对和组织的重塑革新。如何启动组织焕新？在哪些方面开启组织重塑？如何更好地实现组织革新落地？我们试着从组织保障和变革模型来给出思路。

哈佛商学院的迈克尔·塔什曼教授和斯坦福商学院的查尔斯·奥赖利三世在 1997 年撰写的《创新跃迁：打造决胜未来的高潜能组织》中提到，企业要想长期持续获得成功，需要在战略任务和组织构架之间保持一致性，同时组织要穿越三种创新（渐进式、递增式、跃迁式）的周期，组织构件之间也需要保持多重一致性。他们认为战略任务最终会由正式组织、人员和文化这三个构件匹配执行。正式组织包含架构、流程、政策和制度，人员包含岗位标准、人员数量和质量以及人才梯队，文化包含使命、愿景和价值观。我们也参考此框架做了相应的细化和解构，以便更好地实操落地。

正如战略设计需要兼顾能力、可行性和愿景三个维度，战略落地执行也需要在组织、人才、机制和文化这几个关键领域得到保障。具体而言，组织保障涵盖了四个主要维度：首先是组织形态，包含组织结构、岗位设计、汇报关系和权责体系，企业通过组织形态来实现战略和组织一致性的匹配；其次是人才管理，包含岗位标准、人才画像、人才盘点和梯队发展，企业通过人才管理确保团队具备必要的能力和经验；再次是机制流程，包含工作流程、管理沟通、关键决策、绩效奖惩等，通过高效的工作流程和有效的机制设置支持战略实施，企业通过机制流程实现组织流畅运转；最后是文化心智，包含企业使命、愿景和价值观，以及以创始人为代表的看待世界的心智模式，企业应兼顾成熟业务发展和创新业务涌现，培养一种介于二者之间的支持二元性的组织文化。

保障战略执行的这四个维度相互匹配，并保持多重一致性，共同构成组织焕新的关键要素。我们采用"**组织保障 3+1 模型**"这一术语，而非简单地称之为"组织保障 4 要素"，是有深刻原因的。我们认为，模型中的前三个要素构成了组织的"硬件"。随着企业的发展，组织形态、人才管理和机制流程往往会变得更加精细化。正如《创新跃迁》一书所述，组织各部分的紧密结合有助于企业的发展壮大，但同时也可能导致企业对市场的反应变得迟钝。这种精细化往往会导致企业形成僵硬的组织边界，也就是我们常说的"部门墙"。组织架构和流程越是精细和紧密，这些"部门墙"就越是坚固。

在实际的商业环境中，企业面对未知和不确定性，常常会遇到一些在传统部门职责中难以明确责任归属的"三不管"问题。这往往会导致责任推诿，进而使得决策和行动变得迟缓。在这种情况下，员工们通常期望领导能够明确界定权责边界。然而，在瞬息万变的商业竞争中，机会往往是稍纵即逝的。当出现这样的情况时，文化就成为填补这一空白的关键因素。

如果我们将前三个要素比作组织的"硬件"，那么文化心智则相当于组织的"软件"。它就像智能手机的操作系统，不仅能够激发硬件的潜力，还能有效地填补硬件之间的空隙。在东方思维中，文化常被喻为"水"，而前三个要素则如同瓶子里的石子。随着组织的发展和成熟，其架构、人才和机制会变得更加精细，就像石子变得更小，能够更紧密地连接在一起。然而，即便是最精细的石子，石子中间也难免会有缝隙存在，正如部门间的"部门墙"。

部门职责划分得越细致，制度流程越复杂，部门间的缝隙就越明显。在这种情况下，文化就像水一样，灌注到这些缝隙中。文化是一种无形的力量，在企业中，我们提倡创业者精神或经营者心态，鼓励员工在遇到职责不明确的情况时，能够不受边界限制，勇敢地站出来应对和处理问题。在问题解决之后，再回过头来讨论和明确职责边界。这样的文化能够推动员工在面对挑战时主动承担责任，而不是等待领导的明确指示。

这给组织带来了更大的挑战。《创新跃迁》一书提出，要实现长期成功，企业必须完成两个关键任务：一方面，要在成熟市场上以成本和质量为基础进行竞争；另一方面，要在新兴市场上以速度和适应力为基础进行竞争。管理者要想同时驾驭这两个方面，就必须构建一种二元性的组织文化。只有建立起这样的文化，组织的能力才能得到真正的发挥，这也是我们称之为"组织保障3+1模型"的原因——3和1代表了不同的属性和价值。

接下来，我们将深入探讨"组织保障3+1模型"中各个要素的定义和内涵，以便更好地理解如何通过这种模型来提升组织的竞争力和适应力。

组织保障 3+1 模型之组织形态

组织形态是第一个要素，指的是一个组织的整体结构，包括组织结构、岗位设计、汇报关系和权责体系等。它通过规范化的架构图描述了组织内各机构、各部门上级、下属、平级相互之间的关系。有了组织架构图，公司领导人可以更方便地查看与公司组织关联的职位、人员以及联系信息。常见的组织结构有直线制、职能制、事业部制和矩阵制。

直线制是一种基础的组织结构，以垂直领导和单一指令链为特点，结构简洁、职责清晰、指挥统一。各级主管直接管理下属，并对所有事务负全责，企业通常不设立专门的职能机构，而是依靠行政主管执行所有管理职能。这样的结构要求主管具备广泛的知识和技能，亲自处理各类事务。但在企业业务复杂或规模较大时，集中所有管理职能于一人可能导致管理负担过重，因此，直线制更适合规模小、技术简单的企业。

职能制组织结构以其简洁性和历史悠久的特点，在现代企业中依然占据重要地位，尤其是初创企业的理想选择。这种结构的核心优势在于其专业化分工，通过将工作流程细分，提升各个环节的专业性和效率，最终汇聚成组织整体的效率优势。例如，一家制造公司由总经理负责管理公司整体运营，由职能机构如生产部门负责制造产品，由采购部门负责采购原材料，由销售部门负责销售产品等。这种结构不仅简化了管理流程，还促进了专业技能的集中和深化，为初创企业的成长和发展提供了坚实的基础。

事业部制是企业内对具有独立的产品和市场、独立的责任和利益的部门实行分权管理的一种组织结构。事业部制组织结构最早起源、应用于美国通用汽车公司，又称为分公司制结构，是为满足企业规模扩大和多样化经营的要求而产生的一种组织结构形式。其基本组织方式是在总公司领导下设立多个事业部，各事业部实行严格的独立核算，并在内部经营管理上拥有自主性和独立性。这种组织结构形式最突出的特点是"集中决策，分散经营"，即总公司集中决策，事业部分散经营。优点在于各事业部自主权大，有助于提高企业对市场的反应灵敏度，提高企业经营的专业化与积极性；然而，它的缺点是对整个集团而言，容易造成机构重叠，管理费用增加，且各事业部独立性强，协调困难，容易忽视整体利益。

矩阵制既有按职能划分的垂直领导系统，又有按业务项目划分的横向领导关系结构。有些组织经常需要横向协作，此时可以成立一个临时性组织，对直接管理团队和横向协作部门进行统一管理。矩阵制结构更加机动灵活，可随项目组织或解散；任务清楚，目的明确，加强了不同部门之间的配合和信息交流，克服了直线制组织结构中各部门互相脱节的现象，适用于涉及面广、易变、复杂的集团组织、重大工程项目或管理改革任务。但其缺点在于各专项任务组织与各职能机构存在多种复杂关系，权力与责任可能不相称，协调困难；专项任务组织的成员工作常变化，利益容易被忽视，往往缺乏归属感和安全感。

除了以上组织结构类型，当前，企业组织结构发展呈现出新的趋势，平台型组织结构越来越普遍。**平台型组织**是更为灵敏的流程型组织形态，是矩阵制组织结构的升级版。典型的平台型组织结构是小前台、强中台、稳后台。小前台体现了"麻雀虽小，五脏俱全"，由具有多样技能的团队组成，是完整的作战单元，面向客户独立完成业务流程，大大降低了响应时间，提升了客户体验，实现了"主动积极、快速响应"；强中台是支持前台业务实现的各个流程的集合，其最主要的功能是赋能前台，给前台作战人员提供各种先进武器、枪支弹药；而稳后台则是财务、战略、人力资源、法律等各个流程的集合，主要的功能是激活组织，使组织从"要我做"变成"我要做"，从"火车跑得快，全靠车头带"变成"高铁道上飞，节节车厢推"。强中台和稳后台实现了"横向有能力"，很好地起到了专业管理与统合综效的作用。

在数智重生的过程中，首先需要有组织架构方面的革新。数智化转型需要有组织承载，需要有先锋队引领。在实践过程中，我们发现，根据企业内部数字化转型成熟度的不同，转型架构（数智化先锋队）也有不同的形态和演进路径（见图8-3）。

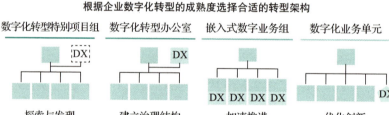

图 8-3 企业数字化转型的几种转型架构选择

转型架构可以分为：**数字化转型特别项目组（虚拟小组）**，其职责是激发对数智化的理解和认可，研讨数字化转型愿景和使命，通常是由不同部门的成员组成的临时性组织，承担"布道"和激发的职责；**数字化转型办公室（实体部门）**，其职责是界定数字化转型的责权利范畴，梳理企业数字化转型的次序，制定转型的规则和开展资源调配，通常是由临时项目组进化到长期专业部门的，通常由原项目组成员加上外招的专业人员组成；**嵌入式数字业务组（数智事业伙伴）**，其职责是紧密融合业务，探索数智赋能，落地具体业务的数智化转型，通常在数字化转型办公室的基础上会进一步裂变出具体赋能业务的数字业务组，它们会由技术专家、业务专家组成，进入业务，开展赋能陪伴；**数字化业务单元（数智BU）**，其职责是创造前沿创新的数智产品服务，业务流程的数智化重构与运营可持续的数智化业务，数智BU通常是由嵌入式数字业务组在部门长期服务后演化形成的专门负责数智化业务的部门，由业务组成员组成，同时企业会委派转型办公室的高层领导担任数智BU的负责人，以便更好地落地和推行数智化转型（见图8-4）。○

图 8-4 转型组织架构分类和职责

需要强调的是，配合业务发展的组织架构也在不停地动态演变。以宝岛眼镜为例，在数智化转型过程中，其经历了从1.0版本到3.0版本的组织架构变革。1.0版本主要基于门店的职能划分，2.0版本在

○ 企业数字化转型的转型架构（国际数据公司）。

1.0 版本的基础上增加了电商部门，3.0 版本则以会员运营中心（MOC）为核心，强调以以用户为中心的服务模式驱动全组织转型。

在 1.0 版本阶段，组织架构是传统的直线制的，以线下门店为中心，管理门店运营。门店是最直接接触用户的地方，因此组织架构以支持门店运营为主。随着电商时代的到来，宝岛眼镜在 1.0 版本的基础上增加了电商部门，形成了 2.0 版本的组织架构。电商被视为新增的销售渠道，但传统零售依然依赖门店引流。

进入社交电商时代，用户和商品通过算法进行标签匹配，为适应这一变化，3.0 版本的组织架构以 MOC 为核心进行线上线下融合的转型，总部赋能各个大区的验光师，通过产品、渠道、会员和数据运营等手段，帮助他们精准、高效地触达用户并建立联系（如前所述的矩阵制组织）。组织架构 3.0 版本还涉及在多个社区平台布局，增加曝光率，并通过打造验光师的多维度个人 IP 标签与用户形成互动，让用户产生信任，最终转化为用户与产品的强关联。尽管组织架构 3.0 版本使用的是 1.0 版本的原班人马，但宝岛眼镜通过 MOC 赋能，实现了针对验光师个人能力模型的转型（如前所述的平台型组织的中台职能）。这一转型使得验光师能够通过个人 IP 的单点触达运营用户，完成整个用户生命周期的商业闭环。

组织保障 3+1 模型之人才管理

在明确了组织架构之后，接下来需要深入考虑人才管理要素。这包括岗位的任职资格、人才标准、人岗匹配，以及人才盘点和梯队建设。

在团队管理中，管理者可以通过冰山模型进行人才标准分析。冰山模型由美国心理学家、哈佛大学教授麦克利兰于1973年提出,是心理学和社会学范畴内用来描述个体素质表现的模型,包括绩效、知识、技能、认知、自我概念、特质、动机、价值观八个部分。该模型把个体素质分为显性(冰山以上)和隐性(冰山以下)的两种(见图8-5)。冰山以上部分的外在表现容易测量,相对而言也比较容易通过培训来改变和发展,通常包括知识、技能等。冰山以下的部分是人内在的、难以测量的部分,不易受外界影响,但对人的行为与表现起关键性作用,通常是动机、价值观等。

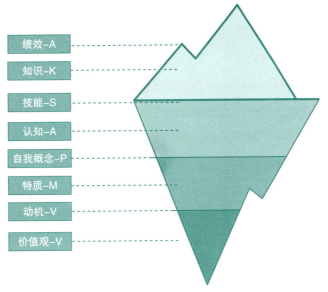

图8-5 麦克利兰的人才个体素质冰山模型

基于冰山模型中的显性和隐性素质理论,美国佛罗里达国际大学教授加里·德斯勒在其《人力资源管理》一书中进一步区分和完善了岗位任职资格和胜任素质的概念,任职资格是为保证工作目标的实现,对任职者必须具备的知识、技能、素质与行为等方面的要求,反映了任职者的胜任能力；胜任素质是各种促使工作绩效达成的可观察和可衡量的人员特征，这些特征包括动机、自我概念与个性、价值观与态度、知识和技能等。

在企业实践中我们通常会应用任职资格和胜任素质构建胜任力模型（包括知识／教育、技能／能力、个性／态度等要素）来开展人才识别、筛选和匹配管理。人岗匹配，就是对于岗位所需要的任职条件，个体是否具备胜任素质可以满足，在企业通常会以"人才盘点"（Talent Review）的方式开展。"人才盘点"最早诞生在一家日本企业——"大荣"公司，此后被美国通用电气公司（GE）进一步发展并实践，目的是建立"人才库"，盘活组织发展动力。人才盘点现在已经成为组织能力建设不可或缺的一环，是一种涉及对组织结构和人才进行系统管理的流程，包括对组织架构、人员配比、人才绩效、关键岗位的继任计划、关键人才发展、关键岗位的招聘，以及关键人才的晋升和激励进行深入探讨，并制订详细的组织行动计划，确保组织有正确的结构和出色的人才梯队，以落实业务战略，实现可持续成长。

关于人才梯队与人才培养，可以采用通用电气公司的GE **人才九宫格模型**（见图8-6），也被称为GE-McKinsey九宫格模型，最早是在20世纪70年代由通用电气公司和麦肯锡咨询公司共同开发。这个模型通过一个3×3的矩阵，根据员工的绩效和潜力将员工分为九个不同的类别。这种分类方式帮助组织对人才进行更细致的管理和规划，尤其是在继任计划和人才发展方面。

人才九宫格模型可以较为全面地评估人才的过往表现和当前能力，并据此预测其未来发展的潜力，帮助企业在面临业绩挑战时或人才胜任力不足时快速梳理和评估团队，从而制订出有针对性的改进和发展计划。

第8章 组织焕新：战略和组织协同升级

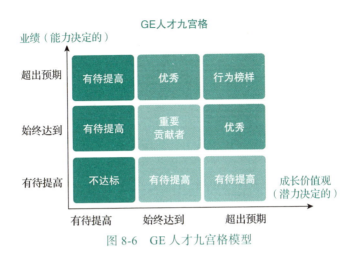

图 8-6　GE 人才九宫格模型

在人才九宫格中，人才被分为五个梯次。第一梯次代表高业绩且具备高能力的人才。企业在面临业绩挑战时，应充分利用这些人才，通过提供晋升机会、培养人才成为导师或分配更具挑战性的任务来激励他们，确保他们能持续贡献卓越的成果。第二梯次包括业绩或能力中的一项突出而另一项处于中等水平的员工。对于这一群体，重点是制订针对性的发展计划，强化他们的强项，同时补齐短板，以助其向第一梯次迈进。第三梯次由能力和业绩都处于中等水平的员工组成，也包括那些业绩中等但能力水平较高的员工。在企业业绩不佳时，他们仍是企业的中坚力量，需要企业特别关注和培养，以提升整体业绩。第四梯次指那些业绩和能力水平都较低的员工，在企业业绩不佳时，可能需要考虑淘汰或重新培训这些员工。

具体到数智重生的过程中，数智化转型升级的先锋队需要由什么样的人组成？在实践中我们总结出，转型的核心成员通常由 4 个"一号位"组成，不同高层管理角色有不同的职责：

决策一号位是创始人、CEO，他们是企业的缔造者和舵手，也是业务模式的设计者和执行者，需要具备敏锐的技术洞察力，并充分理解数智化转型的战略意义，通过数智化重塑商业模式，他们的战略高度决定企业的高度。

业务一号位是 COO、业务 VP，他们是组织模式的设计者和建设者，需要理解数智化转型的战略意义，并结合企业的战略、业务，利用数智化技术推动企业核心竞争力的重塑。

组织一号位是 CPO、HRVP、HRD，他们是企业数智化架构的设计者，助推企业在数智化转型过程中进行商业模式的重构，重塑企业的核心竞争力。

技术一号位是 CIO、CTO，他们需要对数智化转型有深刻理解，在其他三个高层管理角色的支持下，利用数智化技术加大企业数智化转型的力度。

接下来的问题是，怎样找到这些合适的人才？人才获取的方式通常有三种（BBB 模型）：第一种是"买"（Buy），即通过招募新人的方式，吸收有数智化转型经验的人才；第二种是"建"（Build），即培训搭建，建立内部数智化转型人才培养体系；第三种是"借"（Borrow），即专家租借，聘请专家开展数智化转型咨询。这些策略各有优势和劣势。外部招聘的人才通常拥有丰富的经验，但可能对组织的忠诚度不够；相比之下，内部员工对组织的忠诚度和信任度较高，但有时可能在能力和经验上有所不足。管理者需要权衡能力、经验和忠诚度之间的关系，找到适合组织需求的平衡点。在某些情况下，组织可能更倾向于从外部引进经验丰富的人才；而在某些情况下，内部培养和晋升可能更为适宜。重要的是，招聘决策应根据具体情况灵活制定，而不是一刀切。

第 8 章 组织焕新：战略和组织协同升级

在陪伴企业进行数智化的实践中，我们发现数智化人才团队的最佳比例可以是 3∶5∶2 或 4∶4∶2，即 30%～40% 的成员通过外部招聘，40%～50% 的人以内部转岗和培养为主，这两部分的人员比例因为行业特点和企业的数智化成熟度不同而有差别，20% 的成员是提供架构性的建议咨询与陪伴的外部专家顾问，由于数智化本身没有固定范式，由具有行业前沿实践经验和理论研究深厚的专家顾问来给予辅导，可以避免走弯路。但要特别注意的是，整体方向上我们建议数智化的长期耕耘应以内部培养能力为主。此外，选择谁来担任数智化转型项目的执行负责人是一个至关重要的人事决策。一些企业选择让内部资深员工承担这一重任，这样做的优势在于他们对企业内部情况了如指掌，并且深得领导的信任，这有助于他们调动资源并推动数智化转型。然而，这种做法的劣势在于，需要避免这些资深员工可能的定式思维，如果他们瞻前顾后、保守观望，则不利于创新决断和突破。另一些企业则选择从外部招聘人才来启动全新项目，这样做的优势是新进人员具有丰富的实战经验，勇于进取，敢于打破现状。但劣势在于他们可能对企业不够了解，对业务不够熟悉，缺乏必要的内部支持和信任。

结合二元性组织的理念，我们建议还可以采取一种结合内部委派和外部招聘的"双负责人"模式，这种模式能够结合内部员工的深度了解和外部人才的新鲜视角，从而更有效地推动数智化转型项目的成功实施。

具体来看，不同企业在获取数智化转型人才方面采取了不同的策略。举例来讲，宝岛眼镜专注于通过持续的培训来提升现有员工的能力，并嫁接数字工具的赋能，以满足数智化转型的需求。与此同时，阿斯利康则采取了一种综合方法，既通过外部招聘吸引具有相关经验的人才，也通过内部培养计划来发展员工的数智化技能，确保团队能够适应并推动数智化转型的进程。

前述的宝岛眼镜的数智化转型经历了从1.0版本到3.0版本的演变，这一过程中企业不断升级员工能力标准，员工的专业技能不断得以提升。公司坚持以用户为中心的业务理念，要求员工具备用户思维，深入了解并满足用户的实际需求。随着转型的不断深入，员工被鼓励学习数据分析技能，利用数据来洞察用户行为，进而优化服务和产品；宝岛眼镜通过建立并运营验光师、导购的个人IP，通过青少年近视管控方案等视健康管理项目，打造了一个个从用户接触、互动到转化的完整商业闭环，这要求员工能掌握从前端营销到后端服务的全方位运营技能。为了支持这一转型，宝岛眼镜总部的会员运营中心为各区域验光师提供资源和支持，帮助他们在数智化环境中提升客户服务的专业水平和质量。同时，公司鼓励验光师在社交平台上建立个人IP，通过个人IP与用户建立信任和互动，增强个人影响力，提升专业形象。

阿斯利康则采用了外部招聘和内部培养双管齐下的方式。在外部，阿斯利康大量招揽具有不同背景和技能的人才，以保持创新力和竞争力。与此同时，阿斯利康创建内部的人才市场，公开人才信息和成长机会，包括项目机会、内部岗位调动等，以促进员工能力提升；通过标签管理提高人才和项目匹配的可见性，提升人才流动效率；员工在满足一定条件后，可以自主申请公司内部的空缺岗位，无需直线经理审批，公司鼓励跨职能/业务部的横向流动。另外，公司推出"Plan100项目"，为员工提供在不同市场、不同岗位中锻炼的机会，连接全球的项目和人才，提供灵活的参与方式；推出"PEAK 领导力"模型，包含四大模块和八大领导力要素，以帮助不同阶段的员工提升领导力；打造包容多元的文化，发展包容领导力，吸引并保留多元人才，提倡畅所欲言的文化，以促进创新和团队协作。

组织保障 3+1 模型之机制流程

组织形态和人才管理的有序运转还需要机制流程的保障，机制流程是组织持久力的基础。在组织管理系统中，机制流程可以被理解为组织内部一系列规则、流程、决策过程和管理职能的综合体现，用于指导组织的日常运作和长期发展方向。它确保了组织内部的各个部门之间能够相互协作，资源能够得到合理配置，以实现组织的整体目标。

组织机制的构成通常包括多个方面，如决策机制、激励机制、沟通机制、协调机制等。这些机制相互关联，共同构成了组织的整体运作框架。例如，决策机制关注的是组织如何做出决策，包括决策权的分配、决策流程的设定等；激励机制则关注如何激励员工，使他们愿意为组织的目标付出努力。

众多机制中影响效果最显著的就是激励机制，简单而言，激励就是激发人的动力，朝着所期望的目标前进。我们对激励会有一个误区，认为激励就是给钱，给钱就能激发人的动力，在管理实践中我们会发现一个有趣的激励悖论：金钱激励力度越大，效果越快体现，但效果的持久性会递减，通俗地讲如同患者用药，药用得猛短期效果就会显著，但是持续用同一种药容易使患者产生耐药性，效果就会递减，这也就是为什么职场中给的钱多，可能短期有效，但不一定能激发员工持久的状态。

组织行为学专家斯蒂芬·罗宾斯认为，人的动机来自需要，由需要确定人们的行为目标，激励则作用于人的内心活动，激发、驱动和强化人的行为。管理激励的关键在于扣动员工的心灵扳机（识别员工的真正动机），而激励除了物质以外，还包括工作挑战、工作认可、职业发展机会、灵活的工作安排等。[一]我们在实践中发现，在保障以物质激励作为基本条件的前提下，可以通过设计和安排"三有"的工作，来实现持久的激励效果，就是**给员工创建"有意义感、有挑战度、有结果反馈"的工作**。最成功的激励是让员工将"三有工作"视作自己的事情而"无须扬鞭自奋蹄"，佐证此方式的最佳实践就是中国在改革开放期间所创造的"家庭联产承包责任制"。1978 年，最初在安徽省凤阳县小岗村实行"分田到户"，即把集体土地承包给农户，实行"包产到户"。在劳动力要素、土地要素没有本质改变的背景下，通过将土地承包给农民，让农民感觉这是自己的事业，极大地调动了农民的生产积极性，解放了农村生产力，促进了农业生产的迅速发展。

机制流程指的是企业内正式或非正式的约定俗成的做事方法。企业透过一系列活动创造价值，机制流程就是进行这些活动的方式。机制流程是企业一切制度、责任等的基础，包括组织层级关系、组织管理原则、组织职能、组织责任及组织运行规则等。

在组织管理中，机制流程的作用是确保组织能够高效、有序地运作。它通过明确的规则和流程，减少工作中的混乱和冲突，使组织成员能够在共同的框架下协同工作，实现组织的整体目标。一个健全的组织机制流程能够提高组织的效率和效能，是组织成功的关键因素之一。

[一] 斯蒂芬·罗宾斯、蒂莫西·贾奇《组织行为学》。

举例来说，总部在湖南长沙的步步高连锁超市，2017年开始数智化转型的探索。它选择从线下门店切入，通过数智化手段逐步缓解了线下门店运营中的痛点问题，还做到了对员工工作的微粒化拆解，取得了可衡量、可评估、可改进的阶段成果。员工只要使用步步高连锁超市研发的一款移动端门店管理系统，就能实现运营效率的大幅提升。但曾经有门店员工面对数智化转型的举措没有意愿配合，不相信数字工具的赋能功用，因此新开发的数字工具形同虚设，部分试点门店业绩也没有提升，可见仅依赖于技术的变革往往无法成功。

面对数智化转型过程中"组织和人"的挑战，步步高连锁超市导入了合伙人模式激励机制，通过（虚拟）合伙人制设计的逐步优化和升级，实现对中基层员工提成和超额奖金的激励，配合"动态用工"的数字化工具，让门店店长、店员分享用工成本节约的果实，激活了基层员工的积极性；通过合伙人制让店长参与跟投的设计，分享门店数智化运营后的超额利润，激活了门店店长的积极性。在数字工具与激励机制的协同之下，步步高连锁超市的数智化转型得到了推进，数智化试点门店的利润实现了大幅增长。

组织保障 3+1 模型之文化心智

机制与企业文化紧密相连，共同塑造企业的内在精神。企业文化心智是一家企业在长期发展过程中形成的独特的文化形象，它包括了企业的使命、愿景、价值观、信念、仪式、符号、处事方式等。它是企业的灵魂，对内能够凝聚员工、激励员工、约束行为，对外则能够塑造企业形象、提升品牌价值。企业文化的核心构件是"使命、愿景

和价值观"，其中**使命是企业存在的意义和价值**，解答企业为何存在，为谁服务，创造什么价值的商业命题，愿景是企业实现使命的时候呈现的美好景象，用于激励和牵引大家共同努力实现使命，价值观则是大家共同信奉和遵守的思维模式和行为准则。企业文化会对企业组织中个体的思维方式和行为模式产生深远影响，而个体的心智和行为汇聚起来，又会反过来强化和塑造着整个企业的文化氛围。这种相互作用和影响，是企业文化得以持续发展和传承的关键。

组织心智的理论源头可以追溯到心理学家肯尼思·克雷克（Kenneth Craik）的工作，他在20世纪40年代提出了心智模式的概念，后来被认知心理学家采纳并发展。组织心智是指一个组织在长期发展过程中形成的集体思维方式、信念、价值观和行为习惯。它是一种相对稳定且持久的动力系统，影响着组织成员对关键事件的描述、归因和预测活动。组织心智模式可以被看作组织成员共同拥有的认知框架，它决定了组织如何获取、处理、保存信息以及采取行动的方式。在本章中我们不展开企业文化的概念和内涵的细节，重点分析数智化过程中文化心智对转型的影响力量。

根据网易智企和罗兰贝格联合发布的《企业数字化升级之路：百家企业数字化转型发展分析报告》，企业在数字化转型中所遇到的三项主要挑战是：**心智模式难以转变、转型路径有待明确、新兴技术难以驾驭**。如图8-7所示，在数智升级的过程中，最具挑战的第一项是，如何转变文化心智模式，助力数字化转型。面对数智升级，企业需要刷新、重塑文化心智，以应对和匹配数字化时代的世界观。数字化转型的关键是转心智，人性不希望被数字化，但组织需要数字化，所以要形成转型的紧迫感，转型和个体的关联关系是重点。

第 8 章 组织焕新：战略和组织协同升级

数智化转型：心智刷新

企业在数字化转型中所具备的三项主要优势：
- 充足的资金资源、成熟的管理体系、坚定的高层支持

企业在数字化转型中所遇到的三项主要挑战：
- 心智模式难以转变、转型路径有待明确、新兴技术难以驾驭

不难发现，传统企业自身多年的积累对于企业的数字化转型是一把"双刃剑"：
- 一方面，企业长久以来积累的资源、形成的管理机制，无疑对企业的数字化转型有所助益。
- 另一方面，过往的经验与模式容易让企业形成"路径依赖"，难以转变。

优势	比例
充足的资金资源	41.9%
成熟的管理体系	35.9%
坚定的高层支持	35.9%
过硬的技术积累	31.1%
系统的赋能培训	27.5%
开放的学习文化	27.5%
包容的试错精神	17.4%
海量的运营数据	16.2%
强大的客户关系	16.2%
良好的品牌口碑	15.0%
敏锐的市场洞察	7.8%
广泛的合作网络	7.2%

挑战	比例
心智模式难以转变	27.5%
转型路径有待明确	27.5%
新兴技术难以驾驭	26.3%
跨界写作难以开展	24.6%
职权划分较为模糊	24.6%
资金资源较为欠缺	24.6%
赋能培训不够系统	21.6%
转型愿景不够清晰	18.6%
员工情绪较为抵触	16.2%
组织文化过于保守	15.0%
管理体制较为落后	13.0%
信息传递存在障碍	12.0%

图 8-7　数字化转型应用现状调研

数智化转型存在明线和暗线。明线指的是在转型过程中需要明确的战略规划、业务设计和技术实现等方面，其中包括战略规划，即确定企业转型的长远目标和方向，业务设计，即设计新的业务模式以适应数智化转型，技术实现，即构建技术框架以支撑企业的数智化发展；暗线指的是组织跃迁，即调整组织要素，包括结构、人才、机制和文化，确保它们之间关系的多重一致性，从而支持数智化转型。

在数智化转型过程中，企业需要让员工从认知、感知到共创、共识，再到共建，然后形成集体的行动和能量，共同实现转型目标。认知是转型过程的起点，涉及"听见"和"看到"，即对转型需求的意识与认识；在认知的基础上，进一步形成感知，即对转型的深刻理解和对变革的深刻感受；接下来是共创和共识，共创、共识是团队成员共同参与创新和创造的过程，带来对变革的认同，即在感知的基础上，形成共识的方向，这是转型成功的关键；最后，基于共识开启共建，共建是指团队成员共同构建转型所需的机制和系统，集众人智慧避免偏误，形成企业数智化转型的共同行动。

为何如此复杂，要经历一系列的认知、感知、共创、共识、共建的过程，原因在于组织内部有时会出现一种被称为"集体无意识"的心智固化现象，指存在的问题或危机虽然显而易见，却没有人愿意公开讨论，人们往往只关注他们愿意看到的，而忽视了那些他们不愿意面对的明显的问题，就像故意忽略了一头"房间里的大象"。斯坦福大学的心理学家卡罗尔·德韦克（Carol Dweck）在其著作《终身成长》（*Mindset*）中区分了两种思维模式：固定型思维模式和成长型思维模式。成长型思维模式，即"无所不学"的态度，源自儿童心理学的洞察，孩子们对探索未知世界充满好奇心和游戏精神，这使得他们能够迅速

第 8 章 组织焕新：战略和组织协同升级

学习新事物，并持续地进行创新和创造。

这正是打破企业内部僵化思维的关键。在面对数智化转型时，组织中总会有人固守定式思维，感到自己难以与时俱进，从而对数智化产生抵触情绪。然而，要有效推动数智化转型，组织中的每个成员都需要培养"成长型思维"。微软的现任首席执行官萨提亚·纳德拉（Satya Nadella）对这一概念有着深入的洞察和理解。

多年来，公众对微软的印象往往停留在其 20 世纪的辉煌成就上，普遍认为其成功主要依赖于 Windows 操作系统的垄断地位。然而，自 2000 年鲍尔默继任后，微软因在资本市场的表现低迷疲软，在创新方面缺乏突破而广受诟病。[一]虽然拥有雄厚的财力和快速适应市场变化的能力，但是其庞大的规模和官僚化的管理体系制约了微软在市场上的持续领先。亚马逊创始人杰夫·贝佐斯曾警示他的团队，要时刻警惕自满情绪，防止重蹈微软的覆辙。

2014 年接任微软 CEO 之前，纳德拉是云计算部门的负责人。上任后，他宣布，现在是时候"重新发现微软的灵魂、我们存在的理由"了。纳德拉认为，任何组织和个人达到某个临界点时，都需要自我刷新。为了迎接智能时代的挑战，他提出自我刷新的三个关键步骤：拥抱同理心，培养"无所不学"的求知欲，以及建立成长型思维。他重新定义了微软的使命，倡导以使命感和自豪感而非单纯的内卷竞争来驱动公司发展，将文化的重要性落实到每个员工身上，鼓励员工思考自己对什么最有热情，并在工作中寻找更深刻的意义。

他还强调微软应以技术赋能他人，将"技术的全民化"作为公司的精神，并提出"移动为先，云为先"的新目标，不再以终端硬件

[一] 萨提亚·纳德拉《刷新：重新发现商业与未来》。

（如电脑）为锚点，而是致力于提供下一代数字化体验。在其带领下，微软对外合作策略的改变尤其引人注目。历史上，微软曾长期坚持单打独斗，依靠其磁盘操作系统（DOS）及其他软件平台的独立运作，赚取了丰厚的利润和稳定的现金流。然而，面对新时代的使命和挑战，微软需要转变思路，整合自身雄厚的资源与合作伙伴的优势，开放地支持跨平台协作，并积极投资于构建互利共赢的伙伴关系。这也帮助微软在云服务方面至今发展了约 72 000 家合作伙伴，并在 2019 年通过投资 OpenAI 公司发展通用人工智能（AGI），进而在 2023 年公布了震惊全球的 ChatGPT 产品，微软在人工智能的持续投入帮助其 Azure 云服务深度集成 GPT 技术，从而构建了微软迈向 AI 时代的持续竞争力。

与微软的"刷新"相比，中国现代商业发展中有一个经典案例——支付宝的"骆驼大会"⊖，一场被认为"改变支付宝命运"的重要会议，同样诠释了文化革新的重要意义。骆驼大会是支付宝历史上的一次重要会议，它发生在 2010 年 3 月 24 日。这次会议的核心是回归初心，专注于解决支付宝的用户体验问题，特别是支付成功率这一关键指标。在这次会议上，支付宝团队在彭蕾的领导下，决定将支付成功率作为唯一的 KPI，并推出了"快捷支付"这一创新产品，极大地提升了支付成功率。这次战略反思会也被称为"骆驼大会"，它标志着支付宝从单纯的支付工具向更加开放和全面的金融服务平台转变。

支付宝自 2004 年成立至 2006 年主要服务于阿里巴巴旗下的电商淘宝网，构建基于担保交易的在线支付及信任系统。2007~2009 年，支付宝不再局限于只为淘宝服务，开始拓展至其他电子支付场景。在

⊖ 由曦《蚂蚁金服：科技金融独角兽的崛起》。

第 8 章　组织焕新：战略和组织协同升级

这一时期，公司将支付规模视为最关键的业绩指标，并在多个行业内进行了积极的拓展。然而，尽管在用户数量的扩展上取得了显著成效，支付宝在用户体验方面的表现却不尽如人意。当时，利用支付宝的支付成功率仅为 60%，这意味着淘宝网每吸引 100 位潜在客户，就有 40 位客户因支付失败而未能完成购买。⊖

2010 年的春节前，马云突然出现在支付宝年会现场，对支付宝的用户体验表示强烈不满，直斥："烂，太烂，烂到极点！如果再不重视，这就是支付宝未来的追悼会！"当整个支付宝团队感到委屈和迷茫时，马云在年会现场直接宣布支付宝 CEO 换人——由彭蕾接替邵晓锋。当时的彭蕾虽然没有金融业务的经验，但深知阿里巴巴的文化就是"用户第一"，要"拥抱变化"。多年人力资源工作的经历让她明白，不管公司以后怎么发展，都有必要先将人凝聚起来，改变企业文化。作为支付宝新任 CEO，彭蕾在莫干山召开了一场核心员工大会，P8 级以上的管理人员全部参加。在她的带领下，大家席地而坐，对酒畅谈，对业务展开深入反思。也正是在这次会议上，支付宝的高管和员工意识到，他们此前忽略了用户体验和用户价值。

此次会议后，支付宝团队重回 2004 年创始之际的初心，将支付成功率作为最重要的 KPI（而不是单纯的用户数增长）。用户体验成了一把悬在所有支付宝员工头上的利剑，公司不管做什么创新和试错，都不能以牺牲产品的用户体验为代价。"骆驼大会"为支付宝打开了局面，对其后续发展产生了深远影响，帮助支付宝后续转型到蚂蚁金服，发展余额宝、花呗、借呗、蚂蚁森林、OceanBase、双链通等具有划时代影响力的产品，将金融科技应用到支付、信贷、保险、

⊖ 赵炯《蚂蚁集团拓荒史：从支付缝隙闯出的弄潮儿》(砺石商业评论)。

财富管理等多个领域，其内核是由以提升用户体验为中心的文化驱动的。

从上述案例中，我们可以洞察到，数智化转型的核心在于组织心智能力的跃迁和变革领导力。组织跃迁指的是组织经历一种非连续性的改变，摆脱既有的组织惯性，跃升到一种全新的组织模式。对于那些成熟且已经取得卓越成就的企业而言，它们过去的成功往往成为变革的障碍。组织跃迁所带来的变革，不是通过简单的几次培训或宣讲就能实现的——哪怕重复百遍也未必有效。真正的变革需要经历持续且系统的组织改革才有望成功。在数智重生的过程中，组织跃迁的关键在于识别并改变组织的基本要素——组织形态、人才、机制和文化。同时，变革也需要艺术性的引导，"训练"+"实战"模式下的集体共创便是企业实现这一变革的有效方法。

组织焕新：数智化转型本质是一场深度变革

数智化转型本质是一场触及核心的深度变革，它不仅包括技术工具的引入，还涉及战略方向、业务设计、组织模式以及技术工具等多个层面的系统化、深层次变革。在这一过程中，组织变革尤为具有挑战性。虽然在战略方向、业务设计和技术工具方面可以找到众多的标杆案例和参考模式，但关于组织模式和心智模式转变的具体方法相对稀缺，不同企业的实践也无法提供一个完全可以复制的操作流程。这一领域需要高度的变革艺术。借鉴"训战模式"中各类企业的实践经验，我们提炼了一些建议，旨在帮助大家更有效地启动和推进组织变革。

第8章 组织焕新：战略和组织协同升级

变革理论：勒温三部曲和科特八步法

在探讨组织变革的诸多理论模型中，组织变革理论的开创者之一德国心理学家库尔特·勒温（Kurt Lewin）提出的模型以简洁性和开创性而著称。勒温的组织变革模型分为三部曲：解冻、变革、再冻结。㊀ 这一模型与变更管理程序中的三个核心步骤——准备、实施、保持，呈现出高度的一致性。勒温将变革定义为打破组织现状的"解冻"过程。组织效率来自反复运行的例行程序，将例行程序解冻之后，"变革"才得以引入，但这并不能保证升级变化后新状态的持续性。为了确保新状态的持续性，创新之后必须进行"再冻结"，以维持其稳定；"再冻结"的关键在于通过平衡变革的推动力与维持力，确立并巩固新常规、新程序。

第一阶段：解冻——激发变革动力。组织需认识到现状的局限性，与过往决裂，接受旧有做法不再适用。只有当组织明确区分并摒弃那些不再有效的结构和管理行为时，组织才能拥抱新愿景。企业领导层需要向全体员工宣告变革的启动与必要性，并且停止对现有行为或态度的肯定和强化，允许有纪律的创新，以建立变革的紧迫感。同时，领导层也要减少大家对变革的焦虑感和对失败的恐惧感，营造心理安全氛围。

第二阶段：变革——明确方向，实施变革。组织必须构建一个清晰的未来愿景，并与所有成员共享，同时明确实现这一愿景的具体步骤。首要任务是围绕一个有吸引力的共同愿景凝聚组织成员。这个愿景不仅要包含组织的使命、核心价值观和战略目标，还要生动地勾勒

㊀ 勒温《社会科学中的场论》。

出组织的理想蓝图,激发人们的想象力,鼓励他们探索和实现各种可能性。

第三阶段:再冻结——巩固变革成果。随着新态度、做法和政策的推行,组织需将这些变革成果制度化,确立新的稳定状态。这一阶段对于确保新的工作方式得以持续和加强支持变革的新行为至关重要。成员应有机会去实践新的态度和行为,并通过实践来验证它们的有效性和适用性。

勒温三部曲为进行组织变革提供了认知和意识层面的指导,然而,数智化转型是一个长期的过程,在具体落地过程中,还需要实践方法论的指导。

成功的大规模变革是一项复杂的任务。哈佛商学院终身教授、被誉为"领导变革之父"的约翰·科特(John P. Kotter)在深入研究众多企业变革案例后,撰写了《领导变革》等著作。科特强调,变革的关键在于深刻理解人性,并将人的感受置于变革的核心位置。他提出,变革的成功模式应当是"目睹—感受—变革",而非仅仅依赖于"分析—思考—变革"。变革的核心挑战不在于战略、业务或组织结构的调整,而在于如何触动人们的情感。基于此,科特精炼出了"领导变革八步法",这一方法详细阐述了组织变革的八个具体步骤(见图8-8)。[一]

第一步是增强变革紧迫感。在组织内部培养对变革的紧迫感,使员工深刻理解变革的必要性和迫切性。虽然变革的理念听起来简单直接,但科特指出:"在一个拥有100名员工的组织中,至少需要有24名员工超越其常规职责,才能引发显著的变化。对于一个拥有10万

[一] 约翰·科特《领导变革》。

名员工的公司而言，可能需要 1.5 万名甚至更多员工的共同努力。"实践经验表明，"增强变革紧迫感"是至关重要的一步，它的成效可能占到整个八步法的 50%。

图 8-8　科特的"领导变革八步法"

　　第二步是建立变革领导团队（变革先锋队）。组建一个兼具领导才能和公信力的团队来领导变革过程至关重要，一个孤军奋战的 CEO 在推动变革时往往难以成功，因为变革的成功需要团队的集体智慧和努力。科特建议，变革领导团队应具备职责权力、专业知识、信誉和领导力，并将信任与真诚作为团队的黏合剂。他强调："在变革领导团队中，管理技能和领导技能缺一不可，并且他们必须协同合作，以团队的方式推进工作。管理技能确保过程的有序进行，而领导技能则激发和推动变革。"

　　第三步是设计战略和愿景。确立一个清晰、简洁、有力的变革愿景，并规划出实现这一愿景的具体策略，以便员工理解变革的目标和意义。科特认为，愿景的重要作用在于为员工提供一个清晰的目标和方向，同时激发他们为实现这一目标而努力。

第四步是沟通愿景，感召众人。通过各种沟通渠道传播变革愿景和战略，以激发员工的共鸣和责任感。这不是一次性的宣告，而是要求持续不断地通过多种渠道传达新的愿景和战略。领导者必须亲自示范，展现对愿景的坚定承诺和执行力，从而有效激发员工的信心和参与。在变革过程中，我们发现信息不对称和沟通不足常常引发员工的抵触情绪和迟缓行动。因此，确保沟通的充分性和透明性对于推动变革至关重要。

第五步是授权赋能团队。排除变革的障碍并鼓励员工积极采取行动，为变革铺平道路。在这一阶段，科特强调必须清除阻碍变革的藩篱，这包括对组织结构和制度的调整，同时鼓励员工提出创新的想法。员工必须感受到他们拥有尝试新方法的权力和他们得到的支持，变革才能真正得以实施和落地。

第六步是创造短期成效。在变革的早期阶段，创造可见的成果对于增强信心和动力至关重要。为了维持变革的势头和员工的积极性，必须设定短期目标并实现可见的成果。每一次小小的成功都应当被公开认可和奖励，以激励整个团队继续前进。

第七步是促进变革深入。在初步成功之后，企业应持续深化变革，确保其连续性和持久性。在这一阶段，企业要利用已积累的信任和成就，进一步调整那些与变革愿景不一致的制度和政策，同时继续培养和提拔能够引领变革的人才。

第八步是成果融入文化，将变革成果融入组织文化。科特强调，必须清晰阐释新行为与组织成功之间的联系，并开发新的方法以确保变革领导者的能力得到传承。这涉及将变革的成果深度融入组织文化之中，通过持续的客户导向和成果导向行为，确保变革的持续性和长远影响。

数智焕新：数智升级组织变革 V 模型

在研究和了解经典组织变革理论之后，结合企业在训战模式中对数智化转型实践的观察，本书提出"数智升级组织变革 V 模型"（简称"V 模型"，见图 8-9）。V 模型的底层依然借鉴勒温三部曲的原理，开启变革的三个阶段依然是"解冻—变革—再冻结"，具体如何开启这三个阶段，我们试着从科特的八步法，华为变革船模型等框架中提炼和深化一套方便大家着手变革的方法，V 模型从人和组织两个视角开展变革，同时强调"人的改变"和"组织的改变"。

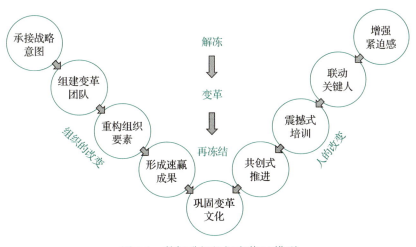

图 8-9 数智升级组织变革 V 模型

V模型的右半边围绕"人的改变",变革的最大挑战来自人,关键是要改变人的观念、意识和行为。在数智化转型过程中,第一步依然是**增强紧迫感**,我们认为如何把紧迫感传递给大家是其中最为重要的一环,这其中充满了变革领导力的艺术性。

第二步是**联动关键人**:识别并联合关键利益相关方,以形成协同一致的行动。这些利益相关方包括变革的决策者、受益者(支持派)以及可能的利益受损方(反对派)。通过沟通、游说、瓦解反对意见和建立联盟等手段,可以整合多方力量,汇聚成推动变革的合力。要启动变革,赢得这些关键力量的支持至关重要。

第三步是**震撼式培训**:深刻触动观念意识,引发变革。在这个阶段,要采用各种教育和培训手段,其中尤为关键的是制造思想上的"震撼"。例如,通过引入训战模式培训,提供震撼性的体验,以此实现意识的觉醒和感知的转变。

第四步是**共创式推进**变革,解决关键的瓶颈问题,同时修炼个体的变革能力。通过一系列针对实际课题的研讨会和共创会议,实现变革的突破,并在此过程中解决组织的瓶颈问题。这种方法的核心在于"借事修人",即通过共同探讨和解决业务问题,培养和提升团队成员的变革领导力。

V模型的左半边围绕"组织的改变"。组织变革的第一步是**承接战略意图**,确保变革与组织的战略目标一致;第二步是**组建变革团队**,运用BBB模型,集结一支合适的变革先锋队,以启动深层次的变革;第三步是**重构组织要素**:对前述的组织保障3+1模型中的四个关键要素进行重新设计和调整,以实现它们之间相互融合和协调一致的动态调整,特别关注项目组的发展、组织文化的调整、组织结构及职位的重新设计以及绩效管理和激励机制；第四步是 形成速赢成果：结合共创式推进，快速实现短期成果，以此提升团队士气，并更有效地推进变革。

V 模型的左右两侧最终都指向同一个目标：巩固变革文化。对个人而言，这意味着修炼变革领导力；而对组织来说，不仅要构建变革的硬件设施，例如工作团队、流程机制、变革绩效体系等，更关键的是塑造变革的软件设施，即培养长期的自我反省意识和持续不断的变革精神。

实战案例解析

接下来，我们将深入分析安得智联和蔡司光学的案例，以探讨组织变革的实践。安得智联是一家民营企业集团内部孵化的创业公司，而蔡司光学则是拥有百年历史的德国外资企业中的一个事业部。在数智化时代的趋势下，两家企业都希望通过变革和创新来实现自身的转型和升级。安得智联的目标是从一个集团内部的物流部门（成本中心）转变为赋能全行业的数智化供应链平台（利润中心），而蔡司光学则希望从单纯的 B2B（企业到企业）模式转型为 B2B2C（企业到企业到消费者）模式，赋能生态圈伙伴并通过它们服务消费者。在变革过程中，它们展现了既相似又各具特色的策略风格。我们将利用 V 模型这一工具，探索并学习这两家企业是如何进行变革和转型的。它们的变革实践都是建立在变革模型的基础上的，并在不同程度上遵循了 V 模型的指导原则。

数智
重生

安得智联：从对内部门转变为社会化供应链平台

在数智化转型的征途上，许多企业渴望找到可以直接模仿的成功案例，但这并非易事。大型企业虽然凭借其规模和资金优势在数智化转型上有所作为，但这些实践对于其他企业来说可能并不具备直接的借鉴意义。相反，那些从大型企业中孵化出来的、具备甲方视角且以客户为中心的创新型服务企业，往往能提供更具价值的转型洞见。在这方面，安得智联便是一个突出的实例。前文已经阐述了安得智联最初仅是一个集团内部的物流部门，经过多年的发展，它期望转型为服务于全行业的物流供应链平台。从传统的物流部门转变为由数智化驱动的供应链平台，无疑是一个巨大的挑战。让我们深入了解安得智联是如何推进变革，踏上数智化转型升级之路的。要实现"身份"和"业务"层面的双重转型，需要组织形态、人才管理、机制流程和文化心智上的全方位变革，在具体的变革过程中，安得智联遵循了八步法层层推进。变革的首要步骤是激发紧迫感和危机意识。面对房地产行业的严格管控政策以及原材料成本的上升，家电企业如美的和格力正面临营业成本的增加和毛利率的下降，增长潜力受限。为了改变市场的悲观预期，摆脱对空调乃至家电业务的过度依赖，支撑业务多元化，发展数智时代的智慧物流成为美的集团的必然选择。

接下来是组建变革团队。安得智联的总裁梁鹏飞组建了一个由多领域专家组成的跨行业团队，成员包括物流和互联网等行业的精英。这个团队不仅汇集了美的集团的资深员工，还注入了新的活力。变革的目标不仅是对传统业务的优化，更重要的是融合数字化、物流技术与行业特性，打造一个全新的业务模式。

紧随其后的是震撼式解冻培训。梁鹏飞带领高管团队到中欧国际工商学院参加数智升级训战营，与其他三个家电事业部的高管团队在校园内进行四天三夜从战略共创到战略拆解落地的集体修炼。在本书前几章所述框架的指导下，安得智联团队意识到，在数字化的大背景下，品牌商面临着渠道分散导致的库存积压、物流安排复杂等挑战。同时，他们也发现了物流企业在一盘货、2C送装一体、端到端综合物流服务等方面的巨大市场机会。团队经历了一场文化的刷新，共同找回了创业创新时的奋斗精神。

因此在接下来的数智化转型过程中，安得智联连续召开了十次以上的训战会，每次召集不同地区的团队，复制在中欧国际工商学院学到的训战流程，加入公司自己的行业场景与组织特性，不同团队之间就业务创新与执行方式展开规划、报告与PK辩论，为员工进行思维碰撞提供了训练场，让全国各省、市、地区团队之间互相分享借鉴当地的最佳实践做法，培养了全公司上下的经营者思维，有效激发了创新意识和年轻干部的活力，也让公司能从中识别出积极投入变革的人才。

与此同时，总部领导层借由观察各地区前线的经营与转型状况的契机，对公司现有流程机制进行评估与调整，制定经营中心的激励机制、运营核心能力建设方案、运营数字化能力建设规划蓝图等，并且针对特定员工召开培训会，通过共创、共建、共识的方式，推动组织变革的深入，确保每个人都对变革有清晰的认识，都有行为的改变。

在转型之旅中，迅速取得成果尤为关键。为了避免陷入仅制订长期规划而不付诸实践的陷阱，并持续激发行动力，安得智联以每半年设定的关键里程碑为契机，精心设计并展示一系列海报，以此及时展现变革的成果。安得智联通过这样的速赢策略维持团队的动力和参与度，让团队成员在实现长期目标的道路上不断获得成就感和信心。

最终目标是巩固变革文化。面对消费者需求的日益个性化和消费场景的多样化，快消品行业正面临渠道多样化和订单碎片化的挑战，这些变化增加了品牌客户的履约成本，对收入和利润增长构成了威胁，促使了行业内渠道变革兴起。在这样的大背景下，快消品企业正在积极探索解决方案，希望通过数智化转型提升效率和质量。安得智联与快消品品牌客户合作，共同开发了针对不同行业"一盘货"的解决方案，提供全链路数字化供应链服务，以应对全渠道运营的挑战，确保高效交付。

这一方案旨在帮助企业在复杂多变的市场环境中实现更智能的库存管理和物流优化，从而在提升服务质量的同时降低成本，增强盈利能力。为此，安得智联采取了两个策略：一是与快消品行业的协会建立了合作关系，通过协会的资源，快速将其一盘货的解决方案在大量快消品企业间传播，同时结合快消品行业特征，推动数字化在快消品行业的应用。二是邀请行业内的专家和学者，共同研究行业的发展趋势，探索如何通过数字化手段提升整个行业上下游的协同效率。这些专家在行业内具有很高的权威，他们的参与不仅提升了项目的可信度，还助力"一盘货"模式在行业内的推广。通过这些措施，安得智联不仅提升了自身的竞争力，还推动了整个行业的数智化转型，实现了共赢的局面。

作为物流行业的典型企业，安得智联起初在除家电外的产业链中影响力有限，且长期依赖于传统物流企业的管理模式，赚取的每一分钱都来之不易。尽管转型之路充满挑战，安得智联仍开辟了一条基层创新的道路。公司通过提炼、复制、推广和实践方法论，激励全体员工持续改进，稳步前进。这种日积月累的努力最终在2023年结出硕果，公司实现了超过160亿元的收入，年复合增长率突破40%。安得智联在供应链数字化领域的成就也获得了业界的广泛认可，荣获"2024中国物流与供应链数字化优秀案例"和"2024年度制造业与物流业联动发展优秀案例"的殊荣，并在美的集团内部获得了高度评价。从2021年启动数字化变革开始，通过战略共创、业务创新，以及持续对组织能力与团队文化的刷新，安得智联的战略与组织双向修炼为企业数字化升级提供了很好的借鉴。

蔡司光学：从B2B模式转变为B2B2C模式

相比之下，蔡司光学在中国的发展则展现了另一条独特的奋斗路径。它从全球光学科技的领导地位出发，借助技术创新与生态赋能，引领眼镜行业生态圈向视健康解决方案转型，为全球同行业提供了一个值得借鉴的行业整体转型典范。

1846年创立于德国的蔡司集团，是全球光学光电领域的领导者。作为第一批来华的外资企业，蔡司集团在1957年首次进入中国市场时，只设立了一个很小的办事处，由于进价昂贵、市场消费水平低等原因，业务甚至一度处于亏损状态。而现在，中国市场已成为蔡司集团在全球最大的单一市场，也是最具创新活力、增长最快的市场之一。2021年前，蔡司光学与其在中国主要的竞争对手Y企业的市场表现不相上下，在一些方面还稍显逊色。而现在，蔡司光学的利润率和在中高端市场的销售占比则明显超出了Y企业。这些成绩与蔡司光学近年推进的数智化转型密切相关。

2022年，蔡司光学提出"战略数字化，服务敏捷化+"的行动指南。面对一些能力相对薄弱的渠道商，蔡司光学尝试从传统的B2B品牌供应商模式，向赋能生态客户为主的B2B2C模式转型，设立蔡司光学战略合作门店，其零售门店策略涵盖数字化营销、会员管理和供应链协同三大领域。通过专业会员管理、ERP系统和面向消费者的小程序，让消费者轻松预约、建立档案、寻找门店；门店的掌上顾问系统实现全流程数字化，简化下单流程；引入数字化技术，优化库存和订单管理，消费者下单后，系统快速响应，确保及时备货，提升了业务效率；实现门店智能化，包括智能补货和价格管理等；将万家门店和百万微信粉丝汇集于一平台，打造行业内的"大众点评"，有效引流；建立积分和视觉档案制度，推出虚拟试戴功能，优化消费者体验。

近年来，蔡司品牌的镜片一直以高品质、高可靠性和舒适的佩戴体验，深受消费者认可，被视为值得信赖的产品。在营销总经理杨晓光（现为蔡司光学中国区总裁）的带领下，公司团队参加了中欧国际工商学院的数智升级训战营，旨在通过提供更高端、更优质的眼镜服务消费者，升级消费者的体验，以此实现公司的增长目标。然而，从活动现场教授和同学们的反馈与建议中，蔡司光学团队意识到，对于消费者而言，眼镜仅仅是对近视的一种被动矫正手段。实际上，消费者真正的愿望是最终摘下眼镜或避免近视度数的进一步加深。例如，目前在北京、上海、广州和深圳等大城市，许多家长愿意花费2万~3万元为孩子配备OK镜，这一现象就是最好的证明。因此，蔡司光学团队开始重新审视客户在未来的真正需求，并探索如何将其高科技产品，如眼底摄像机、裂隙仪、小乐圆镜片等，与眼科诊所和眼镜连锁店的业务相结合，共同打造和推广数智赋能的青少年近视防控方案、成年人视力退化解决方案等，以满足市场的期待。这个思路突破了传统通过卖产品赚钱的固定思维，为生态圈的企业、员工带来了更大的价值创造的愿景，帮助消费者进行眼睛健康的全流程管理，能够改善行业拉新费用高、复购频次低、价格体系散乱等痛点，但要真正落地，需要对行业的业务模型、运营流程、技术应用及文化心态进行全面的变革。

蔡司光学紧扣变革的核心步骤，首先强调了变革的紧迫性。虽然眼镜行业毛利率较高，但实际利润常常被销售成本、房租和人工费用蚕食，导致许多零售门店承受着生存压力。从宏观市场来看，对高品质镜片和服务的需求不断增长，然而行业中的中间渠道商能力不足，经销商经常面临客流量和产品价值体验的挑战。门店分布零散，许多中小规模的门店缺乏线上线下融合的能力。消费者对于镜片选择、价格透明度和寻找可靠的验配中心也感到困惑。蔡司光学意识到，只有确保零售商获得合理利润，建立起良性的生态系统，才能实现更高效的运营和更丰厚的收益。作为品牌服务商，蔡司光学致力于协助零售商（B）提高盈利能力，优化消费者（C）体验，以此推动整个行业的持续健康发展。

在组织形态的变革中，蔡司光学从传统的矩阵式结构转型，这一结构曾以渠道式分配和区域式管理为特点，覆盖了全国连锁、地区连锁及个体经营等多种渠道。然而，这种模式过度依赖代理商渠道，导致区域经理在协调各渠道需求时面临挑战，因为每个渠道都有其独特的要求。变革后，蔡司光学采纳了新的阿米巴组织架构，赋予区域经理更多的协调、赋能及服务职责，而不仅仅是执行销售任务。在这一新模式下，巴长扮演中台角色，为前端业务提供策略和资源支持，辅助区域经理更高效地工作。这一转变使得区域经理能够更迅速、更灵活地响应市场变化，从而提升整体业务的效率和效果。

在人才管理和机制流程方面，蔡司光学从以光学专业背景为主的团队转型为更加多元化的人才体系，吸纳了来自快消品、互联网、医疗和生命科学等多个行业的人才，这些人才能够与眼科医生进行深入对话，并与眼科诊所共创消费者视健康管理方案。同时，蔡司光学推行了活水计划，鼓励员工跨部门发展，实施强制性轮岗制度，以促进员工的个人成长和对业务的系统性规划。此外，公司还承诺向达到效能要求的团队提供额外的奖金，以此作为激励。

除了金钱激励，赋予工作更深远的意义感是激发员工内心接受变革，使员工拥有改变动力的关键，这涉及领导力的培养和企业文化的重塑。蔡司集团有四个核心价值观，并通过每年的文化之旅活动对其进行加强。在中国，蔡司光学团队在集团价值观的基础上增加了利他文化，强调团队合作和对客户的关注。自2018年起，蔡司光学每年举办"戈壁领导力训练营"，这一训练营不仅考验参与者的体能和意志力，更注重培养领导力和执行力。通过实践活动，参与者学习总结经验，深入探讨如何增强团队凝聚力和向心力，围绕领导力、目标管理、逆境应对和体验式学习等主题进行深入讨论。这些训练帮助企业高管深化思考，强化目标管理、策略规划、团队协作和激励技巧，同时提升自我认知、团队协作和环境适应能力。通过这些活动，蔡司光学与B端客户和合作伙伴的关系超越了单纯的产品买卖关系，共同建立了一套以终端消费者为中心的价值观，共创健康管理解决方案，这一行动也获得了蔡司集团的奖项认可。

第 9 章
CHAPTER 9

求变重生
组织动态能力

第 9 章　求变重生：组织动态能力

面对巨变的求变重生思维

时代洪流，滔滔向前，当今世界正经历瞬息万变、不可预测和前所未有的变化，企业正处于关键的转折点。全球经济下行，国家间的竞争日益激烈，消费者的期望和需求不断演变，技术迭代日新月异。诸多因素相互交织，构成了一股推动企业必须进行深刻变革的力量。在这样的大背景下，要保持企业在市场中的领先地位和持续发展的动力，企业的战略重塑势在必行。战略重塑不仅包括对现有业务的调整，更包括对企业愿景、使命和核心价值观的重新审视。企业需要制定新的发展方向，探索创新的商业模式，并构建能适应未来变化的组织结构。

企业在应对变化时，首先应摒弃错误的预设观念，深入分析信息的复杂性，并避免因组织文化滞后而延迟对信号的感知和解读。同时，企业还应设想最坏的情况，预防性地制定有效的紧急应对策略（见图 9-1）。

在过去的 30 年里，企业增长的逻辑经历了显著的演变，已经从单纯的资源捕捉和机会获得，转变为通过精益管理和差异化创新来创造独特的竞争优势；过去，企业专注于自身增长而忽略了对环境的破坏、贫富差距的扩大，未来的企业经营需要得到更多社会的认可，为社会创造更多价值；员工的工作动力也从过去的物质激励，转变为精神认同与成就感。企业管理者应该深刻洞察与反思商业、经济、政治的根本逻辑变化，以适应新的经营环境，满足利益相关方的核心需求。

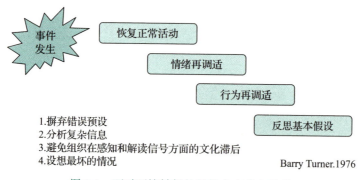

图 9-1　面对环境转折的组织应变求变思考

早期，企业的成功往往依赖于对资源的敏锐洞察和抢占时机的能力。它们通过获取原材料、劳动力、资本等关键资源，以及利用市场空白和新兴机会来推动业务的扩张和增长。然而，随着市场竞争的加剧和消费者需求的多样化，企业开始意识到仅仅依靠资源捕捉是不够的。为了在激烈的市场竞争中脱颖而出，企业开始转向精益管理，通过优化内部流程、提高运营效率和降低成本来增强自身竞争力。降价是一种决策，然而，降成本却是一种需要修炼的能力。很多时候，企业会选择降价的决策来应对恶劣的竞争环境，但能否在降价的同时实现降成本，是决定企业能否持续实施低成本战略的关键。

同时，企业也开始注重创新和差异化战略，通过研发新产品、提供定制化服务、打造独特的品牌体验等方式来吸引和保留客户，在此，建立独一无二的优势及模仿的壁垒将是关键举措。近些年，在国内市场渐成"红海"的情况下，越来越多的企业开始思考，把销售产品和服务的市场从中国拓展到海外，把供应链、生产制造、研发分散到全球具备比较优势的地区，形成最佳的规模效应及整合综效，最大限度地降低成本，一骑绝尘。

企业重生依靠组织动态能力

全球战略管理大师大卫·蒂斯（David Teece）提出组织"动态能力"的概念，指的是企业在不断变化的市场环境中，运用一系列核心优势灵活应对和变化以取得竞争胜利的能力。当无法完全预测未来时，组织具有与时俱进的动态能力就变得非常关键，这些能力可以细分为感知与塑造能力、捕捉机会的能力和整合重构的能力。

感知与塑造能力是指企业必须具备敏锐的洞察力，以便及时感知市场变化和新兴机会。这不仅包括对外部趋势的监测和分析，还涉及对这些趋势的深入学习和理解，以及主动塑造企业未来发展方向。这种能力要求企业建立有效的信息系统和决策支持机制，以确保能够快速响应市场动态。

捕捉机会的能力则要求企业构建一套系统化的投资和创新机制，以便快速识别并利用新兴的市场机会。这涉及企业的结构、流程、激励措施以及产品设计等多个方面，确保企业能够通过开发新产品、优化流程或提供创新服务来抓住机会。

整合重构的能力指的是在动态环境中，企业必须能够灵活地重新配置和调配内外部资源，以适应不断变化的市场需求。这要求企业能够发展独特的核心能力，优化业务模式，并在必要时进行战略转型。

这涉及企业在资源管理、组织结构调整和知识整合等方面的能力。

这些动态能力具备开放性、复杂性和难以复制性等特征。具体来说，动态能力涉及企业内部多个部门和流程的协同作用，需要高度的组织协调和资源整合。由于这些能力与企业特定的资源、历史和文化紧密相关，它们很难被竞争对手模仿或复制，从而为企业提供了独特的竞争优势。企业必须对外部环境保持开放态度，愿意接受新信息和知识，以促进创新和学习。总体来说，动态能力的核心在于企业利用其资源的吸收、整合和学习，不断提升自身的创新能力。通过持续的学习和知识管理，企业能够逐步整合和改进现有的能力，以适应动态、复杂和不确定的商业环境。

我们曾辅导过一家不断构建动态能力以应对环境变化，并通过出海求变而取得业务突破的企业东富龙。东富龙成立于1993年，是一家旨在为制药企业提供整体解决方案的综合化制药装备服务商，聚焦制药行业装备技术的开发与应用，为制药企业提供先进、适用的制药工艺、设备、系统及工程总包服务解决方案，已服务于全球50多个国家和地区的近3000家制药企业。

制药专用设备制造业的市场竞争激烈，有明显的周期效应，技术也经常迭代，因此东富龙的成长过程充满波段性的挑战。2021年，东富龙董事长预判全球医疗基建重点投资周期到来，国内制造设备在海外销售的机会窗口出现。为了快速激发团队意志，找到共同发力的策略路径，他带着高管针对"如何借助数智化带来海外业务增长"的课题进行训战共创。

东富龙制定了一系列策略举措，其中包括感知海外客户的需求，即利用海外经销商和外派营销人员去探索业务机会，通过他们获取第一手信息并及时感知外部机会；**加大国际化产品研发投入**，即将制药设备数字化，加强制造过程的质量检测、全程可溯等功能，提升制造效率；**发展全球供应链体系**，即通过投资并购建立海外当地的供应链体系，迈向本地化研、产、供、销、服的体系布局；**建立本地分支机构**，即加强属地化国际业务管理，构建东富龙海外品牌形象；**整合重构**，即打通东富龙自有能力和外部并购资源，以建立全球一体化的运营体系，实现全球资源配置以及组织和流程的优化。

在后续回访中，我们注意到，经过数年的不懈努力，东富龙在数字化和智能化建设方面取得了显著的进步，这一成就不仅提升了公司的核心竞争力，还成功推动了其海外业务的突破性发展。目前，东富龙成功引入了多个先进的数字化管理平台，取得了企业内部的无缝互联互通。在产品数字化、柔性制造、效率提升以及运维数字化等多个关键领域，公司均取得了显著的进步。通过打造以"快速响应、高效运作和柔性化生产"为核心特征的智慧工厂，东富龙不仅成功打破了海外的信息孤岛，还优化了资源配置和管理集成，为其全球化战略打下了坚实的基础。董事长郑效东坚信，只有实现了东富龙内部的智慧制造，才能为客户打造智慧药厂，真正成为智慧药厂的交付者（见图9-2）。

目前，东富龙加大了对30家海外分支机构的投入力度，国际团队规模已扩展至1000人。公司汇聚了全球先进技术，拥有五大具备全球竞争力的现代化装备生产基地，并逐步在海外布局全球设计和研发中心。与此同时，东富龙的海外业务也实现了稳健增长。2023年，公司海外营收达到12.5亿元人民币，相较2021年实现了20%的增长。在当前国内业务发展遭遇瓶颈的背景下，海外业务的这一增长成为公司重要的新增长点。

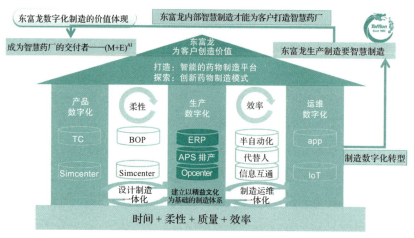

图 9-2 东富龙的数字化战略大图

东富龙的转型过程彰显了其组织动态能力的前瞻性和整合性。这不仅要求公司主动适应变化，还涉及高度协调多个部门和流程，实现协同合作与资源整合。最终，这一转型在全公司范围内形成了统一的思维方式和行为规范，从高层管理人员到基层员工，共同遵循一套心智模式和行为准则，确保了转型顺利进行和效果最大化。

为了在竞争日益激烈的市场中生存并保持增长，企业可以有以下一些求变重生的方向性思考，例如，有企业选择"**出海破圈**"，积极探索国际市场，通过全球化布局来寻找新的增长点。它们采取多样化的国际扩张策略，如海外并购、建立合资企业或直接投资等，将产品和服务推向全球各个角落。这不仅有助于分散市场风险，还能为企业带来新的收入来源和增长动力。

一些企业则采纳了"**精耕细作**"的经营哲学，致力于深耕细分人群与业务，提高效率与品质。它们通过细致的管理、流程的革新、成本的严格把控等手段，持续提升企业的营运效能和盈利水平。这一

第 9 章 求变重生：组织动态能力

战略着重于充分发挥现有资源的潜力，深入洞察并满足客户的需求，以期通过不懈的改进与优化，在激烈的市场竞争中提升自身的竞争优势。

另一些企业则将"**技术创新**"作为其战略重生的核心。它们深谙对前沿技术领域的深入研究和应用，是保持行业领先地位的关键。通过持续的研发投入和创新实践，这些企业不断推出颠覆性的新产品和技术，以确保能充分利用最新技术来优化运营流程、提高工作效率，并创造"第二曲线"等新的商业机会。

无论是选择"出海破圈"，拓展国际市场，还是将"技术创新"作为核心竞争力，抑或是坚持"精耕细作"，提升现有业务的效率和质量，企业都在寻求通过战略重生来维持其生命力和市场地位。当战略重生遇上数智浪潮，会碰撞出怎样的火花？

当下，以 ChatGPT 为代表的生成式人工智能正在通过大模型赋能引发新一轮智能化浪潮。大数据、人工智能、云计算等前沿技术的出现，不仅为企业的运营和发展提供了新的工具和平台，也为那些在快速变化市场中寻求突破的企业带来了新的解决方案和希望。它们使企业能更准确地制定决策，更有效地优化客户体验，更细致地满足产品和服务的个性化需求，以及更显著地提升运营效率。在数智化转型的征途上，越来越多的企业开始认识到人工智能的巨大潜力，并积极探索如何将这一技术与自身业务深度融合。

数智时代，企业要实现战略重生，首先需要构建一个全面的 VSOT 框架模型，包含愿景（Vision）、战略（Strategy）、组织（Organization）、技术（Technology）四个关键维度。它要求企业在战略规划、业务模式创新、技术能力和组织文化等方面进行全面的系统性变革。在愿景上，企业需要制定清晰的数智化转型定位，这包括对5～10年后市场趋势的深入理解和对企业未来发展方向的明确规划。战略重生要求企业领导者具备前瞻性思维，能够识别和把握新技术（如大数据、人工智能、云计算等）带来的机遇，并将其融入企业的长期发展目标中。

其次是战略性创新。在业务层面，企业应重新思考和设计服务流程，以提高现有业务的效率和客户满意度。此外，应更积极地发展增量业务，这可能涉及利用数据分析来驱动新产品或服务的开发，或者通过数字化工具提供更加个性化的客户体验，并且业务应能够规模化扩张。业务的创新、第二曲线的孵化要以2～3年能够打磨成功，带给全员信心为目标。

再次是技术路径。企业必须投资于关键技术领域，如云计算基础设施、数据分析工具、人工智能算法等，以支持业务创新和运营优化。同时，企业还需要建立强大的数据管理和安全体系，确保数据的有效利用和保护。

最后是组织。组织结构和文化的调整适应是实现数智重生的关键。企业需要培养一种数智文化，鼓励创新和协作，激发对未来世界的想象力，利用数智工具帮忙落地。此外，企业应重新设计组织结构，以提高灵活性和响应速度，例如通过建立跨部门的协作团队或采用敏捷的工作方式迭代改善。

接下来，我们通过四个案例深入探讨利用数智科技应变重生的实践。首先，我们关注的是一家中国的民营企业上海璞康数据科技（集团）有限公司（简称"璞康"），它以敏捷的反应和创新精神，在品牌服务的多个业务场景中积极探索人工智能的应用，从而加速了企业增长，显著提升了企业在市场中的竞争力。然后，我们将剖析一家全球软件行业的领军企业思爱普（SAP），它将人工智能技术深度整合到其产品和服务中，以此提高运营效率和产品质量，巩固其在全球市场的领先地位。尽管这两家企业的背景截然不同，但它们都有一个共同的认识：人工智能技术是推动企业创新和转型的关键驱动力。它们正以各自独特的方式，探索着未来的无限潜力，成为引领行业变革的先锋。最后，我们介绍全球蛙与胖东来，它们在广大的下沉市场帮助实体零售超市转型求生。

实战案例解析

璞康：将 AI 转化为组织新质生产力

上海璞康数据科技（集团）有限公司成立于 2004 年，总部位于上海，是一家为知名品牌服务的全域运营公司，最初从线下渠道的经销运营起家，探索中间商如何发展差异化优势，率先扩展至线上电商运营领域。公司业务现已覆盖多个领域，包括电商整合策略及运营、智慧零售、场域营销、数字化整合营销、产品及 IP 孵化、私域运营以及数智化交付等。

璞康的核心优势在于其围绕品牌客户所构建的全渠道、全链路、全场景的营销服务能力。这使得璞康不仅能够满足品牌客户的基本需求，还可以深入品牌的生产、设计、开发阶段，通过营销和运营方式为销售结果负责。与传统的 TP 服务商（Third-Party Service Provider）偏向做营销策划不同，璞康还能提供经销与交付的服务。璞康在上海等关键市场建立了集中化的仓储和末端配送能力，这一战略布局旨在提升销售完成后的履约交付速度和敏捷性，从而优化客户的购买体验。璞康运营多个国际品牌（如乐高、林内、雅培等），业务线和品类繁多，同时还拥有 TP 代运营、经销服务、品牌策划、物流服务等不同的业务类别，跨品类、多业务的协调日益困难。

面对日益复杂的公司业务，璞康的创始人于勇采取了前瞻性的举措，决定构建璞康的数字化基础设施。为此，璞康并购了一家 IT 公司，并引进了技术人才，以推动业务模块的数智化转型，对营销、运营、物流、客服和经营管理等关键板块，都逐步部署了数字化模块，以期全面提升公司的运营效率。与此同时，于勇借鉴阿米巴模式，将公司从传统的矩阵式组织结构转型为更灵活的多个小型化团队，以提高对市场变化的响应速度。阿米巴模式旨在激发内部活力，但同时也带来了挑战。这是因为，企业竞争力源于长期积累的专有知识，这些知识如同企业的"机器设备"，需要被员工不断复用以产生价值。然而，在类阿米巴模式下，知识的复用需要建立知识库和素材库，再由中后台赋能给前端团队，这一过程复杂且未达到数智化转型的目标。随着业务环节的整合和新业务的加入，企业内部可能再次出现分散的"山头"。于勇意识到，仅靠调整组织结构无法彻底解决问题，企业需要更强大的技术工具，以实现知识的高效复用和组织的快速响应。

俗话说，机遇总是留给有思考和准备的人。2022 年末，于勇前往美国，第一次接触到由 OpenAI 开发的 ChatGPT-3。这项人工智能技术与传统的数字化工具截然不同，它改变了以数字化为底层的交互方式，通过人机协作，使得知识赋能的路径最短化，从而大幅提升了知识传递的速度，改变了知识传递的方式，帮助企业通过数据归集，将专有知识沉淀下来，并形成高效的输出方式。在 2023 年初中欧国际

第 9 章 求变重生：组织动态能力

工商学院校友的一次茶聚活动期间，大家深入探讨生成式 AI 将对商业经营的底层逻辑带来的改变，引发了于勇对未来世界的想象。他预判，AI 技术应该能帮助璞康解决在组织朝着生态化方向发展时，专有知识无法标准化复制、只能依靠人力堆叠的问题。

怀着激动和期待的心情，回到公司后，于勇迅速组建了一个约 10 人的 AI 兴趣小组，即 AI 先锋队，成员涵盖公司内部的设计师、策划师、IT 专家以及外部的行业专家。这个小组以自愿参与为原则，成员们利用下班后的时间，每天深入研究 AIGC 的最新发展，并在每晚 11 点至 12 点之间汇报他们的发现和进展。于勇董事长和殷爱华总经理也亲自参与每晚的讨论，这样的努力持续了两个多月。他们坚信，未来将是"会用 AI 的人超越不会用 AI 的人"的时代，因此，团队成员都以极高的热情投入研究与开发中。

于勇深知，在技术尚处于早期阶段时，很难立即看到其转化为生产力的效果，因此，作为企业领导者的坚定决心和全力推动至关重要。企业的最高领导层必须充分认识到 AI 的重要性，同时，也不能仅仅停留在理念层面，而应用快速迭代和不断探索，以及小规模的成功案例来激励团队持续前进。在初期，AI 先锋队专注于测试各种 AIGC 技术，尤其是开源大模型。但很快，他们意识到需要对这些模型进行针对性的"精调"，以适应公司复杂的业务场景。例如，在电商平台的客服系统中，IT 部门利用 AI 对客户评论进行分类和分析，提高了客服的响应准确性和效率。

在试验、测试国内外所有的智能模型与工具的过程中，璞康团队不经意地引入了 Stable Diffusion（SD），一种能将文字描述转换为高质量图像的 AI 工具。团队决定在营销活动中测试 SD，发现其生成的图片质量与传统方法相当，但速度更快。这让于勇认识到 AI 技术的巨大潜力。他此后提出"应用层抢速度，模型层占位置"的战略，强调在商业应用中构建数据壁垒和素材沉淀的重要性。璞康利用通用大模型，开发了适合自身领域的小型封装模型。

随着时间推移，AI 兴趣小组成为璞康内部的关键创新驱动组织，并逐步形成了一定的作业模式。负责技术的 CTO 和熟悉业务的 CMO 搭配，紧盯国内外各种大模型，穷尽各种 AI 工具，各种大模型和 AI 工具一经推出，便拿来给兴趣小组尝试。公司建立了严格的执行机制，要求所有层级的员工参与 AI 工具的应用。AI 先锋队逐步扩展至一个 30 人的小组，每天对应用成果进行复盘，深入讨论工具的有效性，并探讨进一步的优化需求。AI 先锋队采取了"技术引领，业务融合"的策略，技术团队专注于 AI 模型的开发和优化，而业务部门则将这些模型应用于实际业务中，以驱动增长。AIGC 能够带来很多商业场景的应用，璞康管理层帮忙识别导入 AI 的优先级，将 AI 工具与业务场景相结合，开展有效性试验，比如产品主图、内容文案、运营数据分析等，验证不同工具适用的业务场景，对其功能和业务场景进行定义和优化。之后，找到内部具有探索和尝试精神的团队开始 MVP（最小可行产品）测试，在测试成功后再逐渐扩大到全公司使用。AI 先锋队也逐步分成研究组和应用组。研究组每天研究海外最新的技术，寻找内部应用场景，快速对齐，再形成一个应用组去推广技术。小组成员本身都有本职工作，在完成日常工作后集中在一起做各项研究和探索，那段日子他们经常工作到凌晨才收工，但是大家热情高涨，每天都在工作群里汇报最新的进展和成果，于勇感觉大家似乎回到了 20 年前自己刚创业时的状态。

经过几个月的努力，璞康的 AI 应用取得了显著的进展。IT 部门将所有的工具封装好，便于 AI 技术逐渐渗透到公司的各个业务环节，从营销图片的生成到数据分析，再到客户服务，AI 工具无处不在，显著提升了工作效率。例如，原本需要三天完成的 3D 海报，现在借助 AI 工具只需一两个小时。同时，AI 工具减少了对高级设计师的依赖，使得普通设计师也能完成高要求任务。

在积极推进 AI 技术的同时，于勇强调技术投入必须能可视化、可量化产出的结果与进度。基于早期数字化基础设施的搭建，公司通过结构化管理积累了大量数据，形成了业务流程的闭环管理，这为新技术的应用提供了快速评估和实施的基础。璞康将复杂的工作流程拆解为具体步骤，如设计部门将设计师的任务细分为与客户沟通、寻找创意参考和实际设计等子任务。通过这种精细化拆解，公司明确了 AI 可以承担重复性高、耗时长的任务，同时保留了需要设计师创意和判断力的工作。为了确保 AI 的应用能够指导实际操作，团队进一步标准化了每个任务的时间消耗和工作要求，建立了工时模型。为了全面推广 AI 工具，团队实施了日报和周报制度，记录 AI 工具的使用情况、覆盖率、员工参与度和员工遇到的挑战。

然而，随着 AI 技术的广泛应用，变革开始遇到来自基层员工和管理层人员的阻力。大部分员工，特别是设计和运营岗位的员工，担心 AI 技术的引入和大规模使用会替代他们的工作（一部分初级岗位已经出现替代人员的现象）；一部分管理者，尤其是中台和后台部门的负责人，对新技术持怀疑态度，认为 AI 技术在高度依赖人际交往场景的工作中发挥的价值有限，同时 AI 对现有工作流程的改变也增加了很多管理的复杂度，拉低了整体效率。

为应对挑战，管理层在学习数智升级 VSOT 框架的基础上，深刻体会到数智升级和变革不仅仅是导入技术和工具，更重要的是改变人的认知和组织的动态学习能力，于勇和团队开始积极推进组织变革的深化。一方面，通过人力资源部门实施了多项策略，旨在转变员工对 AI 技术的态度。他们明确传达了 AI 技术和员工会长期共存，而非全面替代员工的立场，有效减轻了员工的忧虑。另一方面，公司开展了创意和 AI 应用竞赛，鼓励员工尝试新工具，激励大家运用 AI 工具，开展创新和评比，从而在公司内部培育了一种创新文化。这些竞赛不仅激发了员工探索 AI 潜力的积极性，也帮助一些原本对 AI 不太熟悉的员工通过实践掌握了新技能，并在工作中取得了显著成就。例如，一位客服主管在参与 AI 项目半年后，独立开发了新的工作流程，将 AI 成功融入客户服务。此外，公司要求各部门负责人积极推动 AI 技术的应用，以确保 AI 的广泛应用和持续创新。这些措施不仅丰富了 AI 的应用场景，也为团队带来了新的视角和灵感。璞康各部门人员利用 AIGC 开发了有助于洞察、营销、运营、用户资产等业务发展的数智工具与产品，如图 9-3 所示。

在开展 AI 普及活动的同时，璞康也开启了更为深刻的组织变革。原先的类阿米巴事业部制管理模式，虽然强调独立运作和属地管理，但存在数据孤岛、灵活性不足和资源配置不均等问题，这与 AI 驱动的企业所需要的知识复用、效率提升和信息透明化不相符。为了充分发挥 AI 在全局数据分析、快速响应和资源优化方面的优势，璞康对组织结构进行了重构。公司打破了传统的事业部边界，将业务划分为成熟板块和创新板块，并针对不同项目的阶段和层次进行微粒化管理。

第 9 章 求变重生：组织动态能力

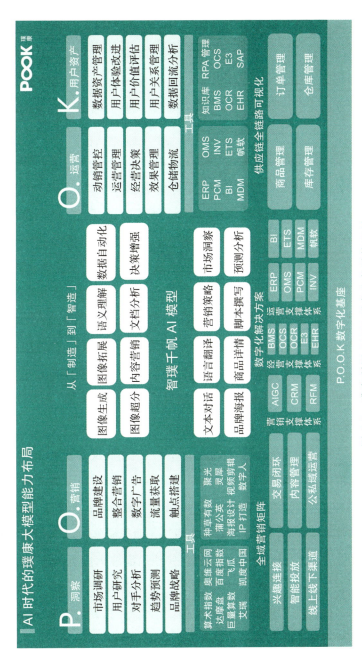

图 9-3 璞康利用 AIGC 开发业务赋能工具

对于成熟业务，璞康采用了基于预算和数字化管理的精细化管理模式，使得前台业务运营更加专注，中后台的专业能力得到充分发挥，从而提高运营效率并降低成本。对于创新业务，璞康强调敏捷化管理，建立以业务场景为中心的敏捷型组织架构，确保创新项目能够迅速推进，减少管理和流程上的消耗。

这种基于数智基础的千人千面式的微粒化管理方式使得资源调配更加灵活，能够快速响应业务需求，同时确保 AI 技术在不同模块间无缝运作，整合数据和优化决策流程。组织形态的变化，必然带来工作流程、职责以及岗位的革新。例如，过去，高级设计师的招聘要求包括熟练掌握 CSD 软件，但随着 AI 工具的引入，这一技能不再是入职的必要条件。在璞康，设计师可以利用 AI 工具完成原本手动进行的设计工作，减少了工作对传统设计技能的依赖。同时，设计部门出现了"训图师"这样的新角色，负责训练和使用 AI 工具生成设计图像，通过对原有岗位的工作内容和流程的解构和重构，形成了新流程、新工作、新岗位。图 9-4 便是璞康利用自研的"智璞千帆"AI 模型开发话题、种草粉丝、助力情绪营销的一个案例。

在岗位编制和人员规模方面，AI 的导入应用并没有导致出现有人担忧的大规模人员裁撤的现象，公司通过岗位的新增和调整并举，实现了人员的正常流转和调适。公司更侧重于提升现有员工的工作效率，激发员工掌握和应用新工具的积极性，而非简单地替换他们。AI 工具的引入提高了员工的生产效率，使他们能够承担更多任务和责任。对于在 AI 环境中表现出色的员工，公司提供了晋升机会和激励措施，这不仅促进了老员工的成长，也减少了由于项目扩张，大量招募新员工的需求。

第 9 章　求变重生：组织动态能力

图 9-4　璞康利用 AIGC 数智工具帮助客户进行营销策划

在考核标准上，璞康通过数字看板呈现 AI 工具的使用情况和普及度，但不直接针对 AI 工具的使用情况开展绩效考核，所有考核的重点始终围绕客户满意度（NPS，客户净推荐值）。公司用客户反馈和店铺评分等指标来衡量员工的表现，而不是对具体工具的应用进行硬性考核。这种方法赋予员工在选择和使用工具上的自主性，以适应员工不同的工作习惯和各自擅长的工具。

需要强调的是，在将 AI 转化为生产力的过程中，璞康 AI 兴趣小组作为先锋团队，扮演了核心角色，他们由 IT、产品、设计团队的核心骨干组成。尤其是 IT 团队，不仅负责引进 AI 技术，还推动了 AI 技术在公司内部的广泛应用。在设计团队探索 AI 在创意和设计效率上的潜力时，先锋团队也积极介入，提供了关键的技术支持。这种双线并行的工作模式使璞康在 AI 应用上领先于许多同行。

璞康的案例显示，企业面对 AI 技术变革，能够及早梳理发展逻辑，理解智能技术将对现有业务的运营流程、创新方式与价值定位带来的改变，也能突破传统依赖纯人模式扩张的局限，因此就如同本书提出的框架，通过对趋势的洞察，勾勒出对未来事业的想象，然后快速组织团队投资于研究与开发，最后带动所有业务部门进行技术与业务的共创，带来产品、能力与组织心智的重构，奠定企业更长期的竞争优势。

思爱普：从软件服务向智能商业转型重生

1972 年，思爱普（SAP）成立于德国小镇沃尔多夫，经过半个世纪的发展，从一家财务软件公司成长为全球最大的企业应用软件厂商。目前，SAP 在全球拥有 45 万名客户，服务了 94% 的世界 500 强企业，支撑了全球 87% 的商业贸易，是名副其实的全球数字经济运营底座。

作为全球领先的企业应用云解决方案提供商，SAP 为企业提供了一套综合的数字管理解决方案，涵盖了企业资源规划（ERP）、供应链管理（SCM）、客户关系管理（CRM）、人力资源管理（HRM）以及大数据分析等领域。SAP 的核心产品 SAP ERP（现在通常称为 SAP S/4HANA）是一个集成的企业级应用套件，旨在帮助企业管理从财务到供应链、制造、销售和服务的全链条业务流程。

在其半个世纪的发展历程中，SAP 一直紧跟技术发展趋势，通过不断的创新和战略转型，引领了企业管理软件的潮流。从 1972 年创始之初，SAP 就以"开发用于实时业务处理的标准应用程序软件"为愿景。这一愿景支撑了 SAP 不断进行技术创新，1992 年发布的 R/3 系统是其发展历程中的一个里程碑，它标志着 SAP 从财务软件向全面的企业资源规划（ERP）系统的转变。R/3 系统的推出，不仅巩固了 SAP 在企业管理软件市场的领导地位，而且为全球企业提供了集成的

第 9 章 求变重生：组织动态能力

解决方案，帮助它们优化业务流程和提高运营效率。

随着全球进入云计算时代，SAP 也在过去十多年间投入了 700 亿美元进行转型，收购了多家领先公司，并对传统 ERP 的代码进行重构以适应云架构。2018 年，SAP 的云业务收入首次超过传统的本地部署，标志着其成功转型为云计算企业。

然而近年来 AI 技术的发展又给传统软件行业带来挑战。人工智能会改变软件开发的流程吗？例如，每个有多年实务经验的员工呼唤 AI 工具为其撰写程序、开发软件，可能又快又实用，AI 技术能够帮助企业软件解决标准化与个性化的矛盾吗？例如，一方面通用功能强大，另一方面又能适应不同应用场景的需求，SAP 的竞争对手们也在积极探索 AI 应用领域。例如，Salesforce 通过其 AI 平台 Einstein，将机器学习和数据科学的能力直接嵌入 CRM 和 ERP 云服务，帮助企业提升销售、客户服务和营销的效率；Oracle 则通过自适应智能应用推动 AI 在 ERP 和 CRM 解决方案中的应用，利用机器学习算法来预测业务趋势并提供个性化的用户体验；Microsoft Dynamics 365 利用 Azure AI 服务，为企业提供了一系列智能化的商业应用，包括智能洞察、自动化流程和先进的数据服务。

在这样的背景下，SAP 进行了多方探索与试验，尝试将 AI 功能嵌入 SAP 现有的产品矩阵。2023 年 6 月，SAP 确定其"all-in AI"的全球战略，提出"SAP 要成为商业智能底座"的概念。所谓"商业 AI"，指的是 AI 和企业业务流程、运营管理深度融合，充分挖掘、利用企业内部和行业的数据，释放数据的价值和潜能，让企业的决策运营更卓越、更智能，让商业社会更高效。由此衍生的想象力是，SAP 不只提供企业管理软件，它还能帮助企业用好运营数据，让企业更成功。

在具体的业务上，SAP推出了名为"智能副驾Joule"的自然语言生成式AI，它能够对多个系统的数据进行快速分类和情境化处理，加强自动化和改进决策。Joule已经开始嵌入SAP Analytics Cloud（SAP分析云），并计划扩展到SAP S/4HANA Cloud（SAP ERP云）、SAP BTP（SAP业务云技术平台）、SAP Build和SAP Integration Suite（SAP集成套件）等解决方案中。

另外，SAP将商业AI全面融入企业解决方案，如SAP SuccessFactors（SAP HR云）和SAP Sales Cloud（SAP销售云），利用AI生成报告和预测的功能，提升人事管理和销售效率。SAP BTP在其生成式AI中心增加了大语言模型，简化了构建针对SAP应用的生成式AI用例的过程。SAP还发布了AI驱动的供应链创新，推动了制造业转型。AI驱动的实时数据洞察，能够帮助企业在整个供应链中做出更好的决策，简化产品开发，提高制造效率。

SAP中国研究院是SAP在德国总部之外最大的研究机构，汇聚了4000余名研发精英，分布在上海、大连、南京、北京等地。这支由资深和专业工程师组成的团队，积极参与SAP全球超过80%的最新解决方案的创新研发。

然而，面对即将汹涌而来的AI时代，团队内逐渐出现两种不同的心态，一部分人满怀激情，积极寻求突破；另一部分人则有些迟疑，对未知的未来抱有观望态度。摆在SAP高层面前的问题是，如何引领全体员工洞察这一历史性机遇，同时认识到自我能力的提升、开发流程的创新以及与客户和合作伙伴的密切合作的必要性。面对软件产品架构可能经历的颠覆性变革，企业需要深入挖掘客户智能化的需求，共同创造出实用的应用案例。通过训战方式让团队成员间相互共创与

第 9 章　求变重生：组织动态能力

学习，SAP 中国研究院希望能打造一个智能产品开发的强力引擎，为全球商业智能的未来谱写新篇章。[⊖]

企业在采纳具有潜在颠覆性的新技术之后，必须将视野从客户当前的需求转向对未来需求的洞察与分析。同时，企业需要对产品在顶层设计和功能运作上的不足进行深入评估，并据此制定战略，运用人工智能技术来优化现有的热销产品或新兴产品。在此过程中，企业应积极邀请天使客户参与，以获取他们的反馈，同时寻求组织内部各部门的协作、总部的支持以及资源的合理配置。此外，企业还需重视研发团队的能力提升、激励机制的调整和流程的优化。在这一转型过程中，企业必须意识到，竞争的核心在于产品快速迭代的能力、对失败的宽容度以及从失败中吸取教训的能力，还有全体员工为实现转型目标而展现出的奋斗精神和努力程度。SAP 也积极推动其生态系统和合作伙伴网络共同升级。在这个过程中，合作伙伴不仅能提供专业技术和行业知识，还能帮助 SAP 扩展服务范围，满足不同客户的需求。通过合作，SAP 确保其解决方案能够更好地适应客户的特定需求，同时加速 AI 技术在各个业务领域的应用和创新。这种协同合作的模式不仅增强了 SAP 的市场竞争力，也为客户带来了更加丰富和高效的 AI 驱动的业务解决方案。

例如，Joule 与微软 Copilot 实现深度双向集成，允许企业员工无缝访问 SAP 和 Microsoft 365 云端办公室方案应用中的信息，从而优化工作流程，让员工在应用中获得统一的体验。以差旅场景为例，员工可以使用 SAP 差旅费用云和 Joule 预订航班，而 Joule 可以在 Microsoft Outlook 中为员工添加该日程。通过 Joule 和微软 Copilot 的

⊖ 《SAP：推动商业 AI 快跑，对中国经济充满信心》(中国经济导报)。

双向集成，企业能够在统一的体验中加速以客户为中心的创新，进一步释放生产力。

另外，SAP还与Google Cloud、Meta、Mistral AI以及英伟达等企业深化合作，确保其能够利用现有的AI技术进行快速创新。例如，与Google Cloud的合作将帮助企业更好地预测和缓解供应链风险；与Meta的合作利用大型语言模型在SAP分析云中生成高度定制的分析应用脚本；与英伟达的合作则将前沿技术嵌入现有的企业商业应用，从而为客户提供更加丰富的功能和更好的性能。[一]

除了与技术供应商进行合作，SAP还会提供业务技术云平台，由合作伙伴在这个基础上构建特定的使用案例，共同交付给用户。生成式AI对于SAP的整个生态系统，以及合作伙伴来说其实意味着相当多的机会（见图9-5）。

然而，这个过程并非没有挑战。随着AI技术的应用，企业需要处理和分析大量数据。首先，如何有效地收集、存储、清洗、整合及分析这些数据，同时确保数据的隐私和安全，是SAP需要解决的问题。其次，AI与传统业务的深度融合涉及复杂的技术集成、算法优化、硬件升级等工作，SAP需要确保AI技术能够无缝地与其现有的ERP、CRM、供应链管理等产品线整合。再次，AI领域专业人才的稀缺是全球性问题，SAP在推进AI升级的过程中，需要吸引和培养具备AI技术背景与行业经验的复合型人才。最后，更重要的是，AI的引入可能需要企业对现有的组织架构、工作流程、岗位职责进行调整。SAP需要推动企业文化向更加创新和灵活的方向转变，以适应AI带来的变革。

[一]《SAP将商业AI全面融入企业云产品组合，携手顶尖AI领导者，激发客户潜能》（SAP中国资讯中心）。

第 9 章 求变重生：组织动态能力

图 9-5　SAP 为智能商业战略制定全面转型大图

当前，SAP 正在调整其全球范围内的销售、市场营销、产品研发和客户支持等部门，以便更好地满足客户需求和提高客户满意度。这种结构优化有助于提升运营效率和响应速度，确保公司快速适应市场变化，响应客户需求。另外，SAP 认识到，成功的 AI 集成需要与来自不同领域的专家合作。因此，公司正在构建包含数据科学家、AI 工程师、软件工程师和业务专家的团队，以确保 AI 技术能有效地融入企业的核心业务流程。

转型的核心在于转人心，在企业文化层面，SAP 积极推动企业文化向更加创新和灵活的方向转变，包括鼓励员工拥抱变化，积极利用 AI 技术来提升工作效率和创新能力，以及培养一种以数据驱动决策的文化。AI 的引入使得员工可以将更多时间和精力投入思考和创新，而不是烦琐的重复性任务。SAP 支持员工角色的转变，从执行者变为创新者和战略规划者。

SAP 的应变创新取得了初期的成果，2023 年 6 月，SAP 在全球发起的智能商业 AI 的战略升级，同年 8 月，SAP 中国研究院进行 AI 转型训战，激发全员变革心智，接下来 SAP 进行了多个用户案例 PMF 的迭代打磨、组织结构的调整与文化的刷新，一个庞大的全球机构灵敏有序地运作了起来，公司在纽约证券交易所的股价从 2023 年 6 月的 130 美元上升到 2024 年 11 月的 230 美元，是历史上少见的急升段，专业投资者对公司有正面的期待，代表一个商业软件龙头在应对智能时代可能带来的颠覆时，能把握机会，迈向重生。

美特好和全球蛙：向善利他孵化行业增量平台

自 2013 年移动互联网电商崛起以来，线下零售业便遭遇了前所未有的生存挑战。相较于线上平台，线下门店在商品多样性、价格竞争力以及服务体验上逐渐显得力不从心。商品选择不如线上丰富和新颖，价格上也没有线上的高性价比优势，在服务态度上有时对用户体验的重视甚至不及电商。这些因素共同导致了实体连锁超市面临顾客流失、门店关闭、裁员等一系列困境。近年来的财务报告显示，行业领头羊大润发寻求阿里巴巴投资，排名第二的永辉超市积极尝试转型，但也遭遇巨额亏损，排名第九的步步高超市更是走向破产重整。其他企业如家家悦、中百、京客隆、新华都等也普遍出现了利润大幅下滑的趋势。整个行业可以说还没有找到恢复或再兴的方法。

此时，一个地方超市美特好走出了一条独特的砥砺求变之路。1993 年，储德群在山西创立美特好连锁超市，历经 20 余年经营，让一家不足一百平方米的小店发展成为"中国零售企业 100 强"，成为山西省唯一上榜企业。然而，即便是这样一家在中国区域超市中排名第 23 名、以山西为发展重点的超市也在 2013 年受互联网电商冲击后面临门店顾客流失、收益骤减的挑战，集团转型迫在眉睫。在邀请互联网企业 1 号店帮扶但收效甚微后，2014 年，美特好董事长储德群到北京参加培训，构思转型自救的方法，其间在班上碰到同为山西人的互联网连续创业者原冰。2015 年底，储德群邀请原冰加盟，通过孵化山西全球蛙电子商务有限公司（简称全球蛙），开启数字化探索的自救征途。

全球蛙的初心是"借助互联网推进母体企业美特好的转型自救，进而对外输出，赋能超市行业的数字化转型"。成立初期，原冰带领全球蛙的年轻团队寻找方向，探索如何从货（选品）、场（线上）、人（用户运营）切入来赋能零售业态。全球蛙的路径规划是先锁定服务的对象是区域零售的中腰部连锁超市（WHO），而不是针对那些全国性的零售巨头，或者直接 2C。这些地区超市有一定的区域优势和客户基础，但面对全国巨型互联网公司的进入却只有被动防守之力，缺乏有效应对的武器。在进一步的调研中，全球蛙发现这些区域零售品牌的需求和痛点主要集中在三方面（WHAT）：一是缺少爆品（货）；二是缺少打通线上线下场景的能力（O+O 场域的协同）；三是员工和用户之间的连接弱（人）。

通过什么方式（HOW）可以满足它们的需求？全球蛙首先在其母体公司美特好内部进行产品开发与试验，在超市场景里验证全球蛙的数字产品与商业模式，对美特好门店、商品、导购、会员、交易和管理进行了数智化升级，开发 app 让消费者可以在家浏览商品并下单，29 分钟内送货上门，线上的促销活动与线下一致，线上引流，线下有堆头、有体验，打造线上线下融合的多场景营销；帮忙开发新商品，包括从原产地直销的、与制造商联名的、为知名品牌试销的新上市产品，帮助美特好做全链路、全渠道运营，使美特好拥有了到店自提、到家配送、拼团营销、直播预售等多种营销功能。通过两年多的自主研发，全球蛙成功构建起适合区域超市实体门店转型使用的数字化系统，并逐步推进母公司在管理上更加透明和高效，从过去的个人经验驱动转向数据驱动，最终实现线上线下一体化的转型目标。

2020 年初新冠疫情暴发，原本就困难重重的实体零售线下业务遭遇很大的困难，很多超市停止营运。储德群感到事态危急，愿意将自研成功的全球蛙系统输出分享给其他省份的区域连锁超市，并且以同理心否决了当时通用的平台商业模式"系统导入免费，但对从 app 成交的销售额 GMV 中抽取超市客户 3% 的佣金"。储德群认为超市行业经营辛苦，平时的净利润也就 2%～3%，抽取销售额 3% 的佣金一定不能长久，在没有想出更共赢的商业模式之前，让超市客户先免费使用，维系生存。

在超市客户的建议下，全球蛙迈出了重要的一步：放弃了自己 app 的品牌名，转而让各区域超市拥有并运营自己品牌的 app，掌握数智化未来的主导权。例如，福建冠超市的"冠 app"、河北张家口的"超市发优选 app"、湖南佳惠超市的"佳惠超市 app"等。对于超市客户来说，这不仅意味着能够获得经过数智化升级的系统，还能保有自己的数智化主权。在前三年，系统完全免费，而且对于全球蛙带来的新品增量利润，超市客户能分得高达 70% 的份额。这样优越的条件在一年内吸引了全国 260 家区域性超市加盟，覆盖了 1 万家门店和 30 万名门店员工。一些门店员工在经过数字工具赋能后，不仅个人技能得到提升，收入也有所增加。在引入数字工具短短几个月后，许多超市的销售额实现了 20%~30% 的显著增长。美特好与全球蛙秉承着商业向善、成人达己的理念和初心,推出了一套在自家超市验证有效的系统,这一系统顺势成为行业内广泛采用的数字零售赋能平台。全球蛙的收入模式也随之转型,逐渐从依赖传统零售收入转向依赖品牌商新品销售的分成,从而开辟了更广阔的盈利空间。这一创新模式在行业内尚属首次,为超市行业的转型提供了一次重生的机遇。

当数智化浪潮对中国各行各业的影响逐渐加深时,零售超市行业依然在寻找属于自己的解决方案。储德群和原冰的故事带给零售超市行业新的启示。在商业实践中,利他与共赢的原则至关重要。全球蛙摒弃那些无法实现共赢的商业模式,成功探索出了一种创新的增量分成模式。这种模式不仅为全球蛙的超市客户带来了实实在在的销售增量,而且助力那些拥有强大制造能力的区域性小品牌的增长绩效,成功吸引了大型品牌的加入。全球蛙的这一战略转变,使得它能从品牌商那里获得的新品销售服务费分成,远远超过了以往从超市老板那里获得的收益,可以说从根本上重塑了全球蛙的业务模式,让全球蛙更好地面向未来。

胖东来:爱与关怀带来生态新生

近年来,包括大润发、永辉、步步高等在内的诸多实体超市都在寻求互联网大企业的帮助。

京东先后砸下成百上千亿元冲进零售业。当时的平台巨头都相信"线下有很多宝藏",传统行业也相信互联网巨头行业拥有神奇的数字化能力,会给沉疴已久的商超业带来新的可能性。作为早期传统商超的互联网改造者，阿里巴巴对大润发的改造是其中的一个典例。

2017年，阿里巴巴以28.8亿美元入股高鑫零售，对高鑫零售经营的大卖场大润发超市开展了全面的新零售改造，包括门店数字化、数据化管理采购、供应链升级、大数据营销驱动等。此后数年间，大润发一度成为阿里巴巴数字化新零售改造的成功样本，受到资本市场青睐，在2020年达到巅峰市值1000亿港元。

然而，在拼多多等线上电商平台、社区团购和会员制超市等新兴业态的冲击下，传统大型卖场曾引以为傲的大而全的核心竞争力正逐渐失去优势，价格优势不再明显，同时，高昂的供应链成本也变成了拖累收入的主要因素。大润发在2024年9月停牌时的市值跌到170.8亿港元。

作为中国传统零售业的代表，永辉超市一直在扩展门店并探索数智化转型。成立之初，面临与国际品牌如沃尔玛和家乐福的竞争，永辉超市通过专注于生鲜领域和源地直采策略成功突围，成为中国生鲜领域的领头羊，并在2010年上市。京东（2015年）和腾讯（2017年）的投资进一步加强了永辉超市的实力，永辉超市的市值在2018年超过了千亿元，门店数量在2020年也超过了千家。然而，随着新零售模式的兴起，包括线上购物、社区团购和同城配送等，永辉超市的发展面临挑战。

在互联网公司帮扶未果的背景下，永辉和步步高将目光转向了位于河南许昌的胖东来。2024年，"爆改"成为传统实体商超行业的热点名词。作为行业的"优等生"，胖东来前后改造了包括步步高、永辉超市在内的十几家品牌商超，其中对永辉超市的"爆改"行动，不仅在资本市场上引起了波澜，也在业界引发了关于传统零售业转型升

第9章 求变重生：组织动态能力

级的深入讨论。

从体量和门店数量上看，商超巨头永辉超市都远远超过胖东来。也正因此，改造工作备受关注。胖东来对永辉超市的帮扶并非仅提供产品、供应链，更重要的是传递其先进的经营管理知识和企业文化。据永辉超市官方发布的调改公告，胖东来对永辉超市的帮扶涉及从商品结构的优化到员工待遇的提升，再到卖场环境的改造和营业时间的调整等全方位的调整。㊀

在商品方面，永辉超市将以保障民生需求为首要目标，具体措施包括保留一线品牌、筛选质量上乘的商品，并计划引进更多时尚商品品类。为了提升商品品质，永辉超市郑州信万广场店将淘汰下架近七成的商品，据报道，该店将参考胖东来的商品结构进行重新梳理，此外，胖东来的自有产品，如胖东来江米条、DL果汁等，也将在未来被引入永辉超市。在价格方面，永辉超市将优化采购渠道，确保商品价格合理且利润空间适中。这一策略与胖东来此前对步步高的调改思路不谋而合，即下架三、四线产品，补充高品质的一、二线产品。

在环境改造方面，永辉超市将对卖场布局进行全面调整，旨在打造更加舒适的购物环境。此次调改将摒弃强制动线设计，顾客的流动路线将更加自由，这一改变有望优化顾客的购物体验。与胖东来此前对湖南步步高的调改相似，货架之间的距离将被适当拉开，便于顾客根据个人喜好选择购物路线。永辉超市计划提高员工薪酬、减少工时，并增加休假时间。这些举措不仅有助于提升员工的工作满意度和忠诚度，也有望提高服务质量和客户满意度。据了解，在胖东来此前对步步高的调改中，员工薪资水平得到了显著提升，店长的月薪甚至

㊀ 《胖东来"爆改"永辉与步步高，实效如何？》(氢消费出品)。

提高到了 20 000 元。永辉超市还将调整营业时间，以更好地帮助员工平衡工作与生活。据悉，永辉超市郑州信万广场店的营业时间将缩短为每天 9:30 至 21:30。

从永辉超市的销售额来看，调改后的门店已收获一定成效，不仅业绩得到提升，门店的员工们更成为一个学习力超强、充满活力和竞争力的团队。为什么胖东来调改过的门店生意会变好？对此，步步高董事长王填总结了三点原因：对员工好、商品好、服务好。⊖

胖东来到底是怎样的公司？在近 30 年的发展旅程中，这家以"胖子店"和创始人于东来的名字命名的企业，凭借其卓越的服务和良好的口碑，在河南省成功开设了 13 家实体店铺，其中 11 家坐落于许昌市。近年来，胖东来因其持续高涨的人气，被网友们亲切地称为"全年无淡季的 6A 级景区"，门店人潮汹涌。在传统商超面临与电商和社区团购的竞争的环境下，胖东来仍保持强劲增长，2023 年营收利润远超预期，原本计划挣 2000 万元，实际挣了 1.4 亿元。

胖东来将企业文化视为公司的灵魂和精神支柱，以"自由·爱"为核心理念，强调"公平、自由、快乐、博爱"的文化信仰。在胖东来，员工被视为公司最宝贵的资源，而非简单的劳动力。公司注重员工的选拔与培训，确保每一位员工都具备基本的职业素养和服务意识。同时，胖东来强调内部晋升制度，为员工提供广阔的职业发展空间。这种制度不仅激发了员工的工作热情，也增强了员工的归属感，提升了员工的忠诚度。此外，胖东来还推行"家文化"管理理念，将员工视为家人，关心员工的生活和工作。公司定期举办各种文体活

⊖ 《今日再添两家！"胖东来模式"复刻推广 转型中的实体商超能否步出低谷？》(财联社)。

第9章 求变重生：组织动态能力

动，增强员工的凝聚力和向心力。这种以人为本的管理理念，使得胖东来在激烈的市场竞争中始终保持领先地位。

胖东来爱的文化不仅体现在对员工，同样体现在对消费者。胖东来非常注重卖场的布局和陈列，力求为消费者创造一个舒适、便捷的购物环境。在充分考虑了消费者的购物习惯和心理需求后，卖场将商品按照品类、品牌、价格等因素进行合理分区，使消费者能快速找到所需商品。同时，卖场注重营造主题氛围，通过灯光、音乐、色彩等细节，为消费者创造一个愉悦、轻松的购物氛围，如在水产区，以海洋为灵感进行装潢设计，让顾客拥有新颖且舒适的购物体验，不同于其他商超水产区充满鱼腥味与无美感的玻璃水缸陈设。在胖东来，可以看到七种不同的购物车和购物篮，满足不同年龄段和不同需求的消费者；价格标签上注明了进货价、售价和毛利率；顾客对于不满意的商品可以全额退款；宠物寄存处还有专门的饮水设施和看护负责人。无论是免费提供纸杯和热水，抑或为老年人提供老花镜，因其卓越的服务，胖东来甚至被称为"商超界海底捞"。

在经营上，胖东来注重对产品品质的把控，通过严格的供应链管理和产品筛选，确保每一件商品都能达到甚至超越顾客的期望。公司还不断创新，引入全球热门及新兴商品，保持商品线的新鲜度与竞争力，满足消费者多元化、个性化的需求，始终坚持"品质至上"的原则，承诺"用真品换真心，假一赔十""不满意就退货""商品和服务质量有问题就赔款"，精选供应商，坚持打造自有品牌，以优价优质赢得消费者的认同。

需要强调的是，在充分给予员工爱与关怀的同时，胖东来也会为他们制定严格的行为规范。例如，胖东来内部就有细致且严格的管理惩罚制度，在管理上采用军事化的打分制，对员工工作服务的每个环节都制定了标准化表格，出现问题时就会扣分。

没有一种方法能够永远适用，变革始终是零售界永恒不变的主题。事实上，随着消费升级的不断深入，这些年来零售业从不缺乏转型与创新的尝试。传统商超面临转型之际，效仿胖东来能否在行业寒潮期实现"逆袭"仍旧要打个问号。无论是仓储会员店的崛起，还是"胖东来爆改"模式在全国开始蔓延，都是传统商超对于转型升级的积极探索，至于哪种模式能够适应市场变化，满足消费者日益多元化的需求，尚需拭目以待。

但毫无疑问，胖东来的实践为零售行业内其他企业提供了转型升级的新思路。在新技术应用、多业态拓展、线上独立电商平台建设、社区团购、即时零售平台合作等多个方面，胖东来并没有太大的优势，胖东来的帮扶、调改更多的是在管理模式、经营理念、供应链、自有品牌研发这几个方面，这本身也是零售商变革的方向。

从这种意义上讲，在互联网巨头的尝试之后，胖东来目前成为"救赎"零售行业的希望。本书以数智化转型为起点，以胖东来及传统零售行业的新进展作为收官之笔，意在传达，企业是人的集合体，转型不仅是企业发展的需要，更是为员工提供更广阔的发展空间的希望之光。商业的根本价值在于为人类社会创造更大的福祉，数智重生的重要意义也在于为人们带来爱与希望。

后记 POSTSCRIPT

集体共创，训战结合

在数智时代，企业要实现转型重生，需要寻求战略上的变革和组织上的焕新。重生的要诀在于实现战略与组织的一致性。在实践中，我们发现要达到这种"一致性"，企业必须掌握一套核心心法，即"集体共创、上下同欲、训战结合、借事修人"。

集体共创，上下同欲

过去，传统战略往往是以"自上而下"的方式制定的，通常由少数人，甚至单一领导者通过各种途径确定战略方向，然后将这一方向下达给团队，由他们逐层分解目标加以执行。然而，在今天这个瞬息万变的时代背景下，这种自上而下的战略大多不再有效。一方面，少数人制定的战略是否精准，是否符合实际，是存疑的；另一方面，团队成员由于未能参与战略制定过程，对战略的理解可能不够深入，缺乏集体共识，难以产生共鸣，这使得战略自我纠偏存在难度。因此，越来越多的企业开始采用集体共创的方式，将"自下而上"和"自上而下"相结合，共同形成和实施战略。特别是在企业进行数智化转型的过程中，集体共创不仅能促进战略的形成，还能更有效地实现数智重生。共创在战略制定和执行中扮演着至关重要的角色，它不仅有助于企业打破内部的信息壁垒、思维壁垒及情绪壁垒，还能促进团队成员之间的平等对话和协作，从而形成共同创新的氛围。集体共创对战略落地有五大帮助：

（1）促进多元视角的转换：共创能够帮助企业跳出原有的思维定势，从不同的角度审视问题，从而发现新的机会和可能性。

（2）提高战略的可执行性：通过共创，企业能够确保战略目标的设定更加符合实际，更容易被团队成员接受和执行。这种参与感和认同感有助于提高战略的执行力。

（3）凝聚人心与统一方向：通过共创让员工参与到战略制定的过程中，加深员工对公司愿景、使命和战略的认知和理解，从而增强员工的团队精神和归属感。同时，确保公司内部各个部门和团队在战略方向上保持一致，提高团队的工作效率和执行力。

（4）激活团队创造力：共创不仅让战略落地成为可能，对于激活团队也有很大作用。它能够让团队成员成为战略的参与者，而不是被动的执行者，从而激发团队的创造力和创新能力。

（5）缩短团队磨合时间：共创可以帮助团队快速走过组建期和动荡期，提升规范期效率，并最终在表现期有效落地产出。这种方式模拟了组织一个全新团队的过程，通过有效的共创，团队可以迅速达到默契协作的状态。

综上所述，集体共创在战略的制定和执行中起到了桥梁和催化剂的作用，不仅能够帮助企业发现新的机会，还能促进团队成员之间的协作和共识，使得战略取得更好的执行效果和创新成果。

后 记

训战结合，借事修人

集体共创在战略管理中强调的是参与主体的多样化，它帮助战略取得更好的执行效果和创新成果。通过集思广益，不同的观点和专长得以融合，从而增强了战略的适应性和前瞻性。而训战结合则侧重于通过训练与实战的紧密结合来锤炼团队的战略思维和实际操作能力。这种结合不仅加深了团队对战略的深入理解，还增强了他们在实际工作中应用战略的能力，从而确保战略得以有效实施。训战模式是近年来标杆企业陆续采用的一种集体共创落地战略的模式，例如，阿里巴巴管理三板斧、华为 DSTE 战略训战都是训战模式的形式。中欧国际工商学院也在 2021 年开启了第一期数智升级训战营，开创了商学院理论学习 + 实战演练的先河，得到了越来越多企业的认可和采纳。

训战模式源自"行动学习法"（Action Learning），也称为"干中学"，即通过实际行动来学习。这种方法通过让参与者投身于实际的工作项目或问题解决中，培养他们的领导力，并帮助组织更有效地应对变化。美国著名人力资源教授迈克尔·马奎特提出的行动学习公式是"AL = P + Q + I + R"。

P（Programed Knowledge，程序性知识）：在训战营中，我们针对企业提出的数智化战略问题，用更宏观的视角提供战略方法论、理论和案例的知识输入，这是行动学习的首个要素——认知世界的打开。

Q（Questions Insight，深度询问）：学员在掌握方法论后，需要结合案例进行深度询问，探究企业战略的症结所在。通过连续追问，识别和定义真正的问题，这是所有战略的出发点。

I（Implementation，执行）：学习程序性知识和深度询问的目的是实践。训战营安排学员在晚上进行集体共创，通过团队合作将理论转化为实践，形成自己的数智重生方案。

R（Reflection，反思）：学习—行动—反思是一个循环往复的过程，反思是自我否定和纠偏迭代的关键。以下是我们在训战营实施后得到好的效果的场景，读者也可以应用以下做法来促进团队的反思：

- 场景1：团队间用"送礼物"的方式给予对方真诚的反馈、点评和改进建议，以此促进共同升级。
- 场景2：通过"鱼缸会议"的方式进行团队内部反馈，类似于批评和自我批评，以此形成各自的反思。
- 场景3：每次团队汇报的战略方案得到反馈后，立即进行复盘总结，运用复盘八步法[一]等工具矫正行为惯性，形成新版方案。

通过这四个要素的有机结合，训战模式实现了效果落地。

同时，训战模式沿着两条主线推进：明线是设计实际课题以开展研讨和实践，通过集体共创寻找问题的解决之道；暗线则是在课题研讨的过程中，通过学习、询问、反思和行动的循环不断淬炼和提升个人能力，即"借事修人"，以事磨人，以人成事。这两条主线

[一] 《复盘：对过去的事情做思维演练》一书中，作者将联想复盘的四大步骤（回顾目标、评估结果、分析原因、总结规律）加工成了更易于理解的八个步骤，即：回顾目标、结果比对、叙述过程、自我剖析、众人设问、总结规律、案例佐证、复盘归档。

相互交织,"借事修人,修人成事",最终实现战略的有效落地。

训战模式的实施流程采取"半结构化-半定制化"的方法。一方面,战略的生成和拆解遵循结构化流程,这意味着训战流程的一半是依据既定标准来执行的;另一方面,由于每家企业在战略上遇到的关键障碍各不相同,讨论不同问题所需的案例、工具和方法也有所差异,因此需要根据企业当前面临的问题定制化设计训战流程。

最后是持续修炼,让以上方法论成为公司的组织流程、动态能力。每次的训战都有落地规划,每月、每季应该追踪全员落地情况,进行再强调、提醒或纠偏。当训战流程内化成组织能力后,每一个层级的主管都会应用训战方式推动团队伙伴达成共识并进行进一步的拆解,最终达到全公司"一张图、一颗心、一场仗"的完美效果。

参考文献
REFERENCE

[1] 卡普兰，诺顿. 战略中心型组织：平衡计分卡的致胜方略 [M]. 上海博意门咨询有限公司，译. 北京：中国人民大学出版社，2008.

[2] 韦尔斯. 战略的智慧：建立持久竞争优势的行动指南 [M]. 王洋，译. 北京：机械工业出版社，2018.

[3] 林文德，马赛斯，克莱纳. 让战略落地：如何跨越战略与实施间的鸿沟 [M]. 普华永道思略特管理咨询公司，译. 北京：机械工业出版社，2016.

[4] 卡梅隆，奎因. 组织文化诊断与变革：第 3 版 [M]. 王素婷，译. 北京：中国人民大学出版社，2020.

[5] 沙因. 企业文化生存与变革指南：变革时代的企业文化之道 [M]. 马红宇，唐汉瑛，等译. 杭州：浙江人民出版社，2017.

[6] 科特. 变革加速器：构建灵活的战略以适应快速变化的世界 [M]. 徐中，译. 北京：机械工业出版社，2024.

[7] 皮萨诺. 变革性创新：大企业如何突破规模困境获得创新优势 [M]. 何文忠，桂世豪，周璐莹，译. 北京：中信出版集团股份有限公司，2019.

[8] 明茨伯格. 写给管理者的睡前故事 [M]. 薛香玲，徐二明，译. 北京：机械工业出版社，2020.

[9] 金，莫博涅. 蓝海战略 [M]. 吉宓，译. 北京：商务印书馆，2005.

[10] 莱斯. 精益创业：新创企业的成长思维 [M]. 吴彤，译. 北京：中信出版社，2012.

[11] 克里斯坦森. 创新者的窘境 [M]. 胡建桥，译. 北京：中信出版社，2010.

[12] 史托兹. 逆商：我们该如何应对坏事件 [M]. 石盼盼，译. 北京：中国人民大学出版社，2019.

[13] 钱德勒. 战略与结构：美国工商企业成长的若干篇章 [M]. 孟昕，译. 昆明：云南人民出版社，2002.

[14] 曾鸣. 智能商业 [M]. 北京：中信出版集团股份有限公司，2018.

[15] 语嫣. 生长：从战略到执行 [M]. 北京：中国财政经济出版社，2022.

[16] 杨国安. 组织能力的杨三角：企业持续成功的秘诀 [M]. 北京：机械工业出版社，2010.

[17] 由曦. 蚂蚁金服：科技金融独角兽的崛起 [M]. 北京：中信出版集团股份有限公司，2017.

[18] 忻榕，陈威如，侯正宇. 平台化管理：数字时代企业转型升维之道 [M]. 北京：机械工业出版社，2020.

[19] 希特，爱尔兰，霍斯基森. 战略管理：竞争与全球化（概念）[M]. 焦豪，等译. 北京：机械工业出版社，2018.

[20] 刘伟师，威林思. DDI 睿智 HR 书架：人才管理圣经 [M]. 上海：上海远东出版社，2013.

[21] 鲁梅尔特. 好战略，坏战略 2[M]. 郭红梅，殷玥，译. 北京：

中信出版集团股份有限公司，2023.

[22] 埃利斯，布朗. 增长黑客：如何低成本实现爆发式成长[M]. 张溪梦，译. 北京：中信出版集团股份有限公司，2018.

[23] 塔什曼，奥赖利三世. 创新跃迁：打造决胜未来的高潜能组织[M]. 苏健，译. 成都：四川人民出版社，2018.

[24] 德斯勒. 人力资源管理：第14版[M]. 刘昕，译. 北京：中国人民大学出版社，2017.

作者 AUTHOR

陈威如，中欧国际工商学院战略学教授，美国普渡大学战略管理学博士，曾任阿里巴巴集团菜鸟网络首席战略官，主要研究平台战略及数智转型。陈教授曾荣获中欧国际工商学院教学优秀奖，欧洲工商管理学院（INSEAD）及美国普渡大学最佳教学奖。他在众多顶尖的学术期刊上发表论文，出版畅销书《平台战略》《平台化管理》等，被有全球管理奥斯卡之称的 Thinkers50 评选为新世代最可能塑造未来商业模式的全球管理思想领袖之一。

凌隽，中欧国际工商学院 EMBA，数智升级训战营组织教练，阿里云数智化共创引导师、腾讯咨询智库专家，曾先后在阿里巴巴、绿城、香飘飘和脉脉等企业担任组织管理和创新业务负责人，专注于数智化转型中的组织能力锻造和组织变革实践。

田佳玮，商业创新研究者，任职于中欧国际工商学院，中山大学传播学研究生，伯明翰大学国际发展研究生，2020~2021 年英国志奋领（Chevening）学者；前媒体资深记者，先后采访普京、比尔·盖茨等百余位全球政商人物，曾亲赴叙利亚难民营、非洲疟疾区等地和十余国采访报道。执笔《看不见的顶峰》。